Kostolanys Börsenseminar

W0307808

Das Buch

»Voltaire sagte: Es ist viel leichter, über Geld zu schreiben, als Geld zu machen. Ich habe das umgekehrt. Ich mußte zuerst Geld machen, und dann konnte ich anfangen, über Geld zu schreiben. Erstens, weil ich dann unabhängig war, und zweitens, weil ich sehr viel gelernt habe, was Geld bedeutet, was Spekulation und Börse ist. Die meisten Leute, die heute über Geld schreiben, wissen doch nicht, was der Markt ist.«

Neben den drei großen G (= Geld, Geduld, Glück) sind, um an der Börse erfolgreich sein zu können, eine gehörige Portion Erfahrung und Kenntnisse, die bei André Kostolany eher als Kunst zu interpretieren sind, unerläßlich. In einem – wie bei einem solchen Autor nicht anders zu erwarten – vor Witz und Ironie sprühenden Dialog wird der Leser nahezu spielend in die große Welt der internationalen Finanzgeschäfte eingeführt.
Der Fragenkatalog, dem sich Kostolany stellt, ist schier endlos. Wer über die notwendigen Mittel verfügt, und es gibt ja bekanntlich auch Kleinaktionäre, die bescheiden anfangen, wird von diesem Buch angesprochen.

Der Autor

Fragte man André Kostolany, Jahrgang 1906, nach seinem Beruf, so nannte er sich selbstbewußt und ohne Hemmungen Spekulant. Bei ihm war Spekulantentum jedoch nicht versehen mit dem Makel des raschen Geldraffers oder Vabanque-Spielers, sondern mit dem des gebildeten Abenteurers, dem sein kluger Kopf ein Maß an Dignität und Vorsicht aufzwingt, das schließlich zum Erfolg führt. Der Ungar Kostolany hatte einen amerikanischen Paß, er wohnte in Paris und an der Côte d'Azur. Bis zu seinem Tod im September 1999 war er an den großen Börsenschauplätzen der Welt zu Hause, er hielt Vorträge und Seminare, und er schrieb – gleichermaßen sachkundig, witzig und süffisant. In unserem Hause erschienen bereits seine Bestseller:
Kostolanys beste Geldgeschichten
Kostolanys Börsenpsychologie
Weisheit eines Spekulanten

André Kostolany

Kostolanys Börsenseminar

Für Kapitalanleger und Spekulanten

Econ Taschenbuch Verlag

Econ Taschenbuch Verlag
Der Econ Taschenbuch Verlag ist ein Unternehmen der
Econ Ullstein List Verlag GmbH & Co. KG, München
6. Auflage 2000
© 2000 by Econ Ullstein List Verlag GmbH & Co. KG, München
© 1999 by Verlagshaus Goethestraße GmbH & Co. KG, München
© 1986 by Econ Taschenbuch Verlag, Düsseldorf
Umschlagkonzept: Büro Meyer & Schmidt, München – Jorge Schmidt
Umschlaggestaltung: Init GmbH, Bielefeld
Titelabbildung: +49 Visum, Hamburg
Druck und Bindearbeiten: Ebner Ulm
Printed in Germany
ISBN 3-612-26235-1

Inhalt

Vorwort

»Kostolanys Börsen- und Lebensweisheiten«
Mit diesem Buch erfüllt Kosto mir einen alten Wunsch, nämlich niederzuschreiben, was er in seinem ereignisreichen Leben an funktionierendem Wissen und an Erfahrungen in seinem »PC« (Personalcomputer) gespeichert hat, wie er es selbst witzig bezeichnet. Gleichzeitig geht er umfassend auf die vielen Fragen ein, die im Lauf der letzten zwölf Jahre in unseren Börsenseminaren gestellt wurden.

Ende 1969 traf ich Kosto bei einer Investmenttagung in der Bayerischen Hypothekenbank zum erstenmal. Ein Ministerialrat aus dem Bonner Wirtschaftsministerium hatte die Schutzfunktionen des neuen Auslandsinvestmentgesetzes erläutert und die Nützlichkeit von Fonds als Anlageinstrument hervorgehoben. Dabei gebrauchte er das Bild, wer sich kein eigenes Auto leisten könne, müsse eben einen Omnibus benutzen, und diese Rolle spiele ein Fonds für den kleinen Sparer, der sich nicht Aktien kaufen könne oder wolle. »Aber wissen Sie denn, ob die ausländischen Busfahrer überhaupt einen Führerschein besitzen?« fragte ein Herr aus dem Publikum. Sein Gesicht war mir vertraut, denn schon während meiner Jahre in New York war mir Kostolany als Kolumnist von *Capital*, das ich mir dort hie und da kaufte, aufgefallen. Nun nahm ich die Gelegenheit wahr, ihn im Anschluß an die Veranstaltung persönlich kennenzulernen.

Er hat einmal geschrieben, den Deutschen fehlten dreißig Jahre Investmenterfahrung, sonst wären sie zum Beispiel nicht auf den IOS-Rummel, vor dem er als einer der wenigen vehement gewarnt hatte, hereingefallen. Nicht nur teilte ich seine Ansicht, seine unerschrockene Art imponierte mir auch. Ich stellte ihm die Frage, ob er bereit wäre, seine (damals) mehr als vierzigjährige Erfahrung, die den großen Krach von 1929 mit einschließt, in der täglichen Praxis zur Verfügung zu stellen, um so vielleicht das Erfahrungsdefizit der Deutschen etwas abbauen zu helfen. Er gab zur Antwort, daß er dies mit den richtigen Partnern sehr gerne täte, sei es doch dieselbe Arbeit, ob er sich für seine eigenen Engagements tagtäglich den Kopf zerbreche oder noch für ein paar Kunden. Das war der Beginn unserer gemeinsamen Aktivitäten – heute würde man sagen: unseres *Joint venture*. Als Kosto diese seine zweite Karriere begann, war er im Pensionsalter (wie Adenauer, als dieser erstmals Bundeskanzler wurde). Wir begannen in einer damals in Deutschland kaum bekannten Branche, der privaten, individuellen Depotverwaltung, essentiell die Tätigkeit des Privatbankiers.

Schon bald danach entstand die Idee, Börsenseminare abzuhalten. Unser erstes Seminar fand im Oktober 1974 in München statt. Kaum dreißig Teilnehmer waren gekommen. Die Börsenstimmung war miserabel: vervierfachter Ölpreis, galoppierende Inflation, Flucht in Gold- und Sachwerte, der Dow Jones auf 580, der FAZ-Index auf 160 gefallen. Das Wort vom Ausverkauf des Westens an die Ölscheichs und vom großen Krach 1929 machte die Runde. Endzeitstimmung. Doch was vom Podium herunterdrang, war alles andere als desperat: »Jetzt allmählich anfangen zu kaufen«, hieß die Parole. Der Rat war gut. Schon zwei Monate später begann die Hausse, in deren Verlauf der

Dow Jones zum Beispiel auf 1000 stieg. Damals hätten wir uns nicht träumen lassen, daß das Seminar in München der Beginn einer – diesmal – rühmlichen Bewegung sei, denn seitdem sind es nahezu hundert Seminare, heutzutage mit der zehnfachen Teilnehmerzahl, geworden.

Als Kämpfer für den sauberen Kapitalismus und wider den tierischen Ernst hat sich Kostolany, das *Enfant terrible* des Establishments, seine eigene Gefolgschaft gebildet. Er ist der Börsenprofessor, der von der Praxis zur Theorie kam und seine Erfahrungen mit seinem eigenen Geld sammelte, im Gegensatz zu den meisten, die von der Theorie zur Praxis gehen und ihre Erfahrungen mit fremdem Geld machen!

Vor Jahren hat Kostolany, wenn er über uns Deutsche sprach, einen Wiener Komiker zitiert: »Die Deutschen arbeiten nicht nur viel, sondern auch gern. Recht geschieht ihnen!« Doch neuerdings glaubt er, der Bazillus der Dekadenz habe uns befallen, da wir nur noch an Freizeit und vorzeitigen Ruhestand dächten.

Mit diesem Buch tut sich der Autor auch selbst einen Gefallen. Jetzt braucht er seine weniger ausgeprägte Geduld nicht mehr mit langatmigen Fragen strapazieren zu lassen. Er kann den Frager getrost unterbrechen und einfach sagen: »Lieber Freund, lesen Sie mein Buch, da finden Sie bestimmt auf Ihre Frage eine Antwort und einige weitere Antworten auf Fragen, die Ihnen bisher noch nicht eingefallen sind!«

München, im Juli 1986

Gottfried Heller*

*Langjähriger Partner des Autors.

Einführung

»Wenn du einen Freund hast, schenke ihm einen Fisch, aber wenn du ihn wirklich liebst, lehre ihn fischen!« Dieser chinesische Spruch ist meine Antwort, wenn man mich nach Tips drängt. »Tips« sind die »Fische«, die man selber fangen muß. Tips, die man als Geschenke bekommt, sind Mundpropaganda, um Käufer zu werben für Papiere, die irgendeine Gruppe, ein Syndikat oder Finanzinstitut beim Publikum abladen will. Das mit Tips ausgestattete Publikum kauft die Papiere und treibt den Kurs selber in die Höhe. Der steigende Kurs lockt neue Käufer an, und so ist die geplante Transaktion der Gruppe gelungen. Das ist in den meisten Fällen das Ziel der Tips.

Will man erfolgreich sein, soll man den Tips nicht nachlaufen, sondern man muß Ideen, Einfälle oder Meinungen haben, das heißt souverän überlegen und die Tips selber fangen, wie ein guter, erfahrener Angler die Fische fängt.

Unerläßlich ist, den Mechanismus der Auf- und Abwärtsbewegungen der Börse zu kennen, um entscheiden zu können, ob man kaufen, verkaufen oder nichts machen soll.

Meine Ratschläge basieren nicht auf grundlegenden Studien der Volkswirtschaft, sondern auf persönlichen Erfahrungen.

Das wenige, was ich über Wirtschaft und Finanzen weiß, habe ich nicht an den Universitäten oder aus Fachbüchern, sondern im Dschungel gelernt. Bestimmt habe ich mehr Schulgeld bezahlt, als es mich in Harvard an der International Business School gekostet hätte.

Zu meiner Erfahrung von 65 Jahren trugen auch meine Kontakte bei, die ich in dieser langen Laufbahn zu 78 verschiedenen Börsen (Effekten- und Warenbörsen) und 73 Maklerfirmen aller Arten hatte.

Ich könnte heute nicht mehr ausrechnen, wie viele Transaktionen ich – mal mit Erfolg, mal mit Mißerfolg – in all diesen Jahren vorgenommen habe.

Ich spekulierte auf kurze – manchmal auf 24 Stunden – und auf lange Sicht – sogar auf fünf Jahre. Seit 1924 bin ich nicht einen Abend zu Bett gegangen, ohne irgendein Börsenengagement zu haben und ohne nachdenken zu müssen, wie ich im gegebenen Moment handeln sollte.

Ich handelte »kassa« oder auf Termin (das heißt auf Kredit) Anleihen, Aktien, »bluechips«, aber auch Goldminen ohne Gold und Ölwerte ohne Öl, mündelsichere Werte und Aktien von Gesellschaften, die fast pleite waren. Ich handelte mit Optionen aller Art und in jede Richtung in einer Zeit, als man in Wall Street noch nicht einmal wußte, was Optionen sind, und in allen Waren, in denen man spekulieren kann.

Oft galt ich als Börsenguru, als unschlagbarer Experte. Trotzdem war ich einigemal pleite, so pleite und in Schulden versunken, daß ich sogar Selbstmordgedanken hatte. Ich brauchte viel Courage, Pfiffigkeit, Energie, Ausdauer und natürlich auch Glück, um meine dramatischen Abenteuer überleben zu können. Man kann wohl sagen: Ein wirklicher Börsianer ist ein »Stehaufmännchen«.

Ich mußte ja Kriege, große und kleine, Revolutionen, Bürgerkriege, Inflationen, Deflationen, Auf- und Abwertungen, Börseneuphorie und brutale Kursrückschläge erleben und konnte sie alle glücklicherweise auch überleben. Ja, es ist schwer, ein Börsianer zu sein.

Denn die Kurse kommen nicht immer so, wie man es erwartet. Der Teufel mischt immer mit, um den Menschen zu beweisen, daß es nicht so leicht ist, aus dem Nichts viel zu machen. Die Börse ist launisch und unberechenbar. Die Ereignisse kommen und gehen. Es genügt nicht allein, sie vorauszusehen, man muß auch die Reaktion des Publikums erraten. Und das ist nicht so leicht!

Meine Absicht war, die Anatomie der Börse, meine Thesen und Methoden ganz einfach und unkompliziert (also nicht *ex cathedra*) zu erklären: Denn nichts ist vernünftiger und nützlicher, als auf klare kurze Fragen klare kurze Antworten zu geben.

Aus meinen Erfahrungen hatte ich meine Antworten geschmiedet, und ich brauchte nur die Fragen dazu. In den ca. hundert Seminaren (mit 15 000 Teilnehmern), in zahlreichen Vorträgen an Universitäten, bei Banken und Unternehmen (von der Bank of America über die Deutsche Bank bis zu Kreissparkassen, von IBM über DuPont, Nixdorf, Axel Springer bis zur Hundefutterfabrik) wurden mir von den Anwesenden Tausende von Fragen gestellt. Für dieses Buch griff ich auf solche Fragen zurück, die Sie mir bestimmt auch stellen würden.

Im Interesse der Klarheit achtete ich darauf, meine Analysen nicht unter den vielen Anekdoten und »Gschichterln« untertauchen zu lassen – zu denen ich immer neige und die auch in meinen vier vorherigen Büchern eine große Rolle spielen. Vielmehr wollte ich dem Leser zu Hilfe kommen und ihm sachlich raten, wie er sich in dem einen oder anderen Fall verhalten soll.

Es gibt Tausende von Variationen an Möglichkeiten, was alles an der Börse geschehen kann, aber es ist unmöglich, alle denkbaren Fälle zu analysieren. Und so serviere ich nicht die fertigen Gerichte, sondern die Kochrezepte, damit Sie selbst zubereiten können, was Ihnen gefällt.

Ich bin davon überzeugt, daß es Ihnen gelingen wird. Guten Appetit!

André Kostolany

Ich bin im Serail aufgewachsen,
ich kenne alle Schliche.

Jean Baptiste Racine

Fragen und Antworten

Was ist die Börse, und wozu dient sie?

Die Börse ist der Kapitalmarkt, der Treffpunkt (symbolisch gemeint) derjenigen, die ihr Geld in Wertpapieren anlegen oder aus diesen wieder Geld machen wollen.

Was sind Wertpapiere?

Wertpapiere sind, wie die Franzosen sie nennen, *valeurs mobilières* (bewegliche Werte) im Gegensatz zu Immobilien (d.h. unbewegliche Werte). Die Wertpapiere können in jeder Menge und zu jeder Zeit an der Börse gekauft und verkauft werden zu einem Preis, der in dem gegebenen Moment Angebot und Nachfrage entspricht. Angebot und Nachfrage werden öffentlich laut kundgetan – mit lauten Rufen, also von jedem Interessenten kontrollierbar. An der New Yorker Börse werden die Kaufaufträge nicht ausgerufen, sondern das sogenannte Ticker-tape – ein laufendes Papierband – registriert jede Transaktion mit Preis und Quantität. Dieses laufende Papierband sieht man in ganz Amerika und sogar in den größten Städten Europas in den Maklerbüros. Man kann es in historischen Szenen vieler amerikanischer Filme sehen, wenn irgendeine große Persönlichkeit über den Broadway in die Stadt New York triumphal mit einer Parade einzieht. Aus den Fenstern der Maklerbüros, die sich in den Wolkenkratzern auf beiden Seiten der Straße befinden, werfen die Angestellten die Ticker-tapes auf die Einziehenden. Die Popularität der Persönlichkeit wird danach bemessen, wieviel Tonnen Ticker-tape für eine Feier aufgewendet wurden.

An vielen großen Börsen, zum Beispiel Paris, Zürich, Düsseldorf, Frankfurt, ganz besonders in Chicago, herrscht ein solches Geschrei, ein Tohuwabohu, daß ein Neuling glauben könnte, in einem Irrenhaus zu sein. In London geht es ruhiger zu. Dort ist der Handel eines jeden Wertpapieres unter der Kontrolle eines Spezialisten, der Jobber genannt wird. Er gibt für seine speziellen Wertpapiere ständig die Kurse an, bei denen er zu Kauf oder Verkauf bereit ist. In Stockholm dagegen war die Börse schon vor dem Krieg in den dreißiger Jahren mit Rechnern ausgestattet, das heißt, eine Maschine glich die Kauf- und Verkaufaufträge aus, wie es heute auch an der New Yorker Börse der betreffende Makler in seinem Notizbuch macht.

Was zählt zu den mobilen Werten, das heißt den Wertpapieren?

Alle Anleihen (auch Obligationen und Bonds genannt) oder Schuldverschreibungen der inländischen und ausländischen Regierungen, Kommunen und Länder sowie die Aktien der verschiedensten privaten Unternehmen von Bedeutung gehören dazu. Unter Aktien versteht man die Anteilscheine dieser Unternehmen, die Aktiengesellschaften genannt werden.

Man handelt auch Wandelanleihen, Optionsscheine und verschiedene andere Wertpapiere, die mehr oder weniger eine Mischung aus Aktien und Anleihen darstellen. Der Markt aller dieser Wertpapiere ist die Wertpapierbörse (manchmal Effektenbörse genannt).

Welche Rolle spielt die Börse?

Sie gibt den Sparern die Möglichkeit, Wertpapiere zu kaufen, wenn sie über überflüssiges Kapital verfügen, und sie zu verkaufen, wenn sie das Kapital wieder benötigen. Der Sparer kann schon bei der Gründung der Gesellschaft die Aktien erwerben (oder zeichnen). Möchte er es später tun, nachdem die Aktien schon im Publikum plaziert sind, bleibt ihm nur der Weg zur Börse, ebenso für den Aktienbesitzer, wenn er sie veräußern will. Wertpapiere kann man nicht wie einen Gebrauchtwagen in der Lokalzeitung oder durch Plakate annoncieren. Etwa: Ich möchte 100 Siemens-Aktien kaufen oder 100 Daimler-Benz-Aktien verkaufen. Zu diesem Zweck steht dem Interessenten die Börse zur Verfügung.

Und wie groß sind die Umsätze mit diesen Wertpapieren an der Börse?

Das hängt von der jeweiligen Börse und der Zeit ab; natürlich sind die Umsätze an der New Yorker oder Tokioter Börse wesentlich höher als zum Beispiel in Mailand oder Madrid. Es hängt auch in großem Maße davon ab, wieviel Teilnehmer an der Börse aktiv sind. Denn an der Börse gibt es nicht nur Anleger, sondern auch Spekulanten und Spieler, die ihre Wertpapiere nicht auf lange Sicht erwerben, sondern nur für einen kurzen Zeitraum (manchmal nur für einige Tage, vielleicht sogar nur 24 Stunden). Diese Spekulanten würde ich eigentlich die »Parasiten« der Börse nennen. Sie wollen nur einen Kursschnitt machen, manchmal in 24 Stunden oder in einigen Monaten. Ihre Absicht ist nicht, ihr Geld in den Unternehmen tatsächlich anzulegen. Diese »Parasiten« sind aber für das gute Funktionieren einer Börse außerordentlich wichtig. Wenn sie nicht existieren würden, müßte man sie erfinden. Sie kaufen, verkaufen,

kaufen, verkaufen, und durch ihre Transaktionen erhöhen sie den Umsatz. Und das ist sehr wichtig; denn je größer der Umsatz, desto größer ist die Garantie für den tatsächlichen Anleger, sein durch den Aktienkauf eingefrorenes Geld jeden Moment auftauen zu können. An einer Börse mit großem Umsatz kann man bedeutende Mengen von Aktien kaufen oder verkaufen, ohne die Kurse dadurch wesentlich zu beeinflussen. An einer kleinen Börse mit kleinen Umsätzen wäre das nicht möglich; denn mit dem Kauf oder Verkauf eines größeren Quantums von Wertpapieren würde man den Kurs stark verschieben. An einer Börse mit großen Umsätzen kommt bei steigenden Preisen, bei jedem um einen Viertelpunkt höheren Kurs neue Ware auf den Markt. Bei fallenden Preisen, bei jedem um einen Viertelpunkt niedrigeren Preis entsteht eine neue Nachfrage für das jeweilige Papier. Es ist ein wenig so wie bei einem Benzinmotor, der mit 16 Zylindern viel sanfter und reibungsloser funktioniert als der Motor mit vier Zylindern. Die »Schocks« werden amortisiert.

Und wozu dienen die Aktien?

Alle Aktien eines Unternehmens zusammen bilden die Aktiengesellschaft (AG). Mit dem Ankauf stellen die Sparer den großen Unternehmen ihr Geld zur Verfügung. Ohne diese Gelder wären die großen wirtschaftlichen Abenteuer, ich könnte sagen, die ganze wirtschaftliche Entwicklung des 19. und 20. Jahrhunderts mit Eisenbahnen, Schiffahrt, Suezkanal, Erschließung von Minen und Ölquellen, die großen modernen Industrien wie Auto, Luftfahrt, Computer und Elektronik usw. in einer freien Marktwirtschaft nie möglich gewesen.

Wie ist das in einem sozialistischen Staat? Auch diese Länder haben solche Industrien.

Der total sozialistische Staat kann auf die Aktiengesellschaft und natürlich auch auf die Börse verzichten, denn er ist der einzige Geldgeber der Unternehmen. Er ist der einzige Kapitalist, und er vertraut die Führung der Unternehmen seinen Beamten, das heißt den Bürokraten, an. Das nennen wir Monokapitalismus. Ob man dieses System bewundern oder ablehnen soll, ist eine reine Geschmacksfrage. In der freien Marktwirtschaft (nennen wir das System einfach Kapitalismus) ist die Aktiengesellschaft die Grundlage des Systems, und die Spekulation, das heißt die Börse, sein Motor. Der Brennstoff des Motors ist das Sparkapital. Nur die Hoffnung auf Wachstum der Unternehmen, die Hoffnung auf Gewinne und nicht nur Zinsertrag kann den Sparern diese zur wirtschaftlichen Expansion nötigen Gelder aus der Tasche kitzeln. Nur das Streben nach Gewinn aus Abenteuerlust, verbunden mit Risikobereitschaft der Unternehmen in Form von individueller Initiative und freier Konkurrenz, ist der Antrieb, der die Welt mit Riesenschritten voranbringt. Das Credo des Kapitalismus sind also Abenteuerlust mit Risikobereitschaft, freie Konkurrenz und Hoffnung auf Gewinn. Feste Zinsen kann man auf das Sparkapital auch in den sozialistischen Ländern bekommen.

Kann man diese Theorie beweisen?

Theoretisch und wissenschaftlich nicht, aber die Erfahrung der letzten sechzig Jahre spricht dafür. Ich könnte keine besseren Beispiele als Beweis dafür zitieren, welche wichtige Rolle die Börse und die Börsenspekulation in der Entwicklung eines Landes spielt, als einige Länder, die dem Sozialismus nahestanden und -stehen und – horribile dictu – sich noch heute zum Sozialismus bekennen: Frankreich unter der sozialistischen Regierung von 1981 bis 1986 mit Beteiligung von moskaukommunistischen Ministern, Ungarn, ein authentisch kommunistisches Ostblockland, und Österreich.

In Österreich ist die Wirtschaft zu 70 Prozent Eigentum des Staates. In Frankreich war während der sozialistischen Regierung die Wirtschaft zu 30 Prozent verstaatlicht. Nichtsdestoweniger wurden die Pariser und die Wiener Börse von den Regierungen ununterbrochen unterstützt. Den Sparern wurden Steuererleichterungen für Aktienkäufe eingeräumt. Die Regierungen zeigten nie eine börsenfeindliche Geste, erließen nie eine Verordnung, um die Spekulation zu bremsen. Im Gegenteil: Es war offensichtlich, daß die verstaatlichten Banken in diesen Ländern die Börsen unterstützten. Öfters kam es vor, daß die Kurse wegen eines ungünstigen Ereignisses oder einer alarmierenden Nachricht einen Einbruch hätten erleiden können. In diesem Falle erhielten die Banken (die eigentlich vom Staate abhängen) den Auftrag, mit Käufen ein zu großes Angebot aufzufangen. Öfters hörte ich selbst, wenn aus irgendeinem Grunde ein Kurseinbruch zu fürchten war, auf die Frage: »Wie sieht es heute aus?«, von vielen Börsenprofis die Antwort: »Keine Gefahr – die Gendarmen sind da!« Das bedeutete, daß die Banken und ihre Agenten bereit waren, mit massiven Käufen die Kurse zu unterstützen.

Wäre dies auch in Amerika denkbar?

In Amerika mischt sich der Staat bestimmt nie in die Börsentransaktionen ein. Gewisse einzelne Gruppen würden vielleicht den Markt solcher Aktien, die zu ihrer Interessensphäre gehören, unterstützen und sehr oft auch, wenn es ihr Interesse verlangt, höher manipulieren. Wie eine solche Manipulation vor sich gehen kann, werde ich später erläutern. Nichtsdestoweniger bin ich davon überzeugt, daß Präsident Ronald Reagan jeden Tag informiert ist, wie die Börse steht, und der Tendenz große Bedeutung schenkt.

Und in der Bundesrepublik?

Da ist es ein wenig wie in Frankreich, nur greifen hier nicht der Staat oder die verstaatlichten Banken ein, sondern die privaten Großbanken und Finanzinstitute, die unbedingt ein Interesse daran haben, daß die herrschende gute Stimmung nicht gestört wird.

In der Bundesrepublik oder in Frankreich und auch an anderen Märkten sind solche Kursmanipulationen möglich, aber nicht in den USA, da der Markt dort viel zu groß ist. Je kleiner eine Börse, um so leichter ist es, die Kurse nach Belieben zu orientieren. Es ist wie bei den Pferderennen: Je größer der Preis für ein Rennen ist, um so kleiner ist die Gefahr der Manipulation oder der Bestechung unter den Jockeys mit dem Ziel, einem anderen den Siegerplatz zu überlassen. Ein hoher Preis für den Gewinner ist zu verlokkend. Wenn der Preis unbedeutend ist, wird oft manipuliert, denn bei den Wetten kann man mehr gewinnen, als die Investition der Bestechungsgelder bringt.

In der Bundesrepublik zum Beispiel hatten die Banken in den letzten Jahren großes Interesse daran, die Börsen zu beleben und in guter Stimmung zu halten. Erstens, weil sie selbst große Pakete von Aktien besaßen, die sie wieder verkaufen wollten; zweitens, um die Kapitalerhöhungen zu erleichtern, denn nur bei steigenden Kursen ist das Publikum bereit, die neuen Aktien zu übernehmen; drittens, um den Sparern die Aktien von neugegründeten Gesellschaften verkaufen zu können. Zu alldem braucht man eine äußerst gute Stimmung an der Börse. Das Interesse daran, das

Stammkapital der Unternehmen zu vergrößern, ist ja auch günstig für die Entwicklung der Wirtschaft.

Haben Finanzinstitute immer ein Interesse daran, daß diese gute Stimmung nicht umkippt?

Nein, nicht immer. Es gibt auch Zeiten, in denen die Börsenatmosphäre die Banken nicht besonders interessiert. In den siebziger Jahren gab es eine Periode steigender Zinsen, in der die Banken eher ein Interesse daran hatten, von den Kunden Festgelder zu bekommen, anstatt sie mit ihren Spargeldern Aktien ankaufen zu lassen. Die Zinsspanne zwischen Festgeldern und den dem Kunden eingeräumten Krediten war viel zu groß.

An den Schaltern empfahl man den Kunden, ihr Geld in Spareinlagen oder Festgeldern anzulegen anstatt es in Aktien einzufrieren, obwohl damals die Aktienpreise auf einem sehr unterbewerteten, besonders tiefen Niveau waren. Damals hatten die Banken Interesse daran, selber die Aktien aufzukaufen.

Wann hat sich ihre Politik geändert?

In der rasanten Börsenaufwärtsbewegung in den letzten Jahren von 1984 bis 1986 war es wieder anders. Jetzt hatten die Geldinstitute besonderes Interesse daran, den Börsenoptimismus zu fördern, damit das Publikum Aktien kauft. Sie wollten für die von ihnen betreuten Unternehmen Kapitalerhöhungen vornehmen und viele Privatunternehmen in Aktiengesellschaften umwandeln. Sie hatten also die Absicht, diese neuen Aktien oder größere Mengen von Papieren aus ihrem eigenen Bestand zu hohen Kursen beim Publikum abzuladen. Es ist ein altes Gesetz, daß das Publikum nur dann kauft, wenn die Kurse steigen, und verkauft, wenn die Kurse fallen. Man hätte daher nie so viele Kapitalerhöhungen und Gründungen von Aktiengesellschaften vornehmen können, wenn nicht plötzlich wieder ein leidenschaftlicher Wunsch nach Aktienkauf entstanden wäre. Nichts ist leichter, als dem Publikum Wertpapiere zu verkaufen, wenn man ihm zeigen kann, wie hoch diese schon gestiegen sind, und wenn man es davon überzeugen kann, daß sie in demselben Rhythmus weiter steigen werden. Sparer, die in den siebziger Jahren und Anfang der achtziger Jahre nichts von Aktien hören wollten, änderten plötzlich ihre Einstellung und rannten jedem Tip nach, um in die Börse einzusteigen. Millionen kleiner Leute, die noch vor fünf Jahren nicht einmal eine Ahnung davon hatten, was eine Aktie ist, wollten auf einmal an der Börse mitmischen.

Die Bundesrepublik ist allerdings kein isolierter Fall, sondern in ganz Westeuropa entwickelte sich ein schon lange nicht mehr dagewesener Optimismus gegenüber den Aktien. In Mailand, Madrid, Wien und in letzter Zeit sogar in Helsinki konnte man dieselben Phänomene feststellen.

Ein solcher Stimmungsumschwung kommt häufig vor. Die Sparer benehmen sich wie Alkoholiker – frühmorgens haben sie einen Kater, wenn sie am Abend vorher zuviel Alkohol getrunken haben, schwören, nie wieder ein Glas anzurühren; doch abends um sieben Uhr wagen sie einen Cocktail, um acht ein Glas Wein, um zehn ein Glas Whisky usw. Um zwölf sind sie wieder genauso betrunken wie am Vorabend. Es ist wie eine Rotation, wie Ebbe und Flut. Nur leider können auch die klügsten Volkswirte nicht berechnen, zu welchem Zeitpunkt die Wechsel kommen, im Gegensatz zu den Ozeanographen, die die Meeresbewegungen auf die Sekunde genau berechnen können.

Was sind die wirtschaftlichen Gründe für so einen Stimmungswechsel?

Eigentlich sind es keine wirtschaftlichen Gründe oder Motivationen, die diese hysterischen Bewegungen hervorrufen. Vielmehr sind es technische oder psychologische Einflußfaktoren oder beides, die auf die kurz- und mittelfristige Kursentwicklung die größte Wirkung haben; die Liquidität spielt dabei eine große Rolle.

Sind diese Bewegungen für die Wirtschaft günstig?

Ja und nein. Eigentlich sollten die Aktien für das Sparerpublikum als langfristige Anlage dienen. Denn es ist ja in den Unternehmen eingefroren. Die Börse dient wie gesagt nur dazu, dieses eingefrorene Kapital aufzutauen, wenn es der Sparer benötigt. John Maynard Keynes stellte sogar die Theorie auf, der Aktionär sollte mit der Aktie wie in einer unauflösbaren Ehe verbunden sein. (An Scheidungsmöglichkeit hat er wahrscheinlich nicht einmal gedacht.) Der Teufel hat aber – wie immer – seine Hand im Spiel und hat aus dem Homo sapiens den Homo ludens gemacht. Und als der Homo ludens entdeckte, daß es bei den Aktien große Kursschwankungen gibt, begann er, daraus Profit zu ziehen. So entwickelte sich das Börsenspiel mehr und mehr, auch dadurch, daß immer mehr Menschen mehr Sparkapital zur Verfügung haben. In alten Zeiten sagte man, daß ein Kaufmann mit seinen letzten 10000 Gulden auch seinen Verstand verlor. In der heutigen Zeit verliert ein Sparer seinen Verstand mit den ersten 10000 DM, die er besitzt. Er wird hysterisch durch die Sorgen, wie er sie anlegen, vor Inflation schützen, vor dem Finanzamt verstecken und – last not least – durch eine gute Anlage vermehren könnte. Er irrt umher, um Ratschläge, Tips und Empfehlungen aufzusammeln. So ein Publikum kann man leicht manipulieren, in

Panik treiben, manchmal ängstlich oder auch gewinnsüchtig machen und für die Aktienspekulation anheizen. Und so wollen, wenn die Börse steigt, Tausende auf den fahrenden Zug springen, um – Gott bewahre! – nichts zu versäumen. Denn nichts ist schmerzhafter, als einer Börsenhausse zuzuschauen, ohne dabeizusein: Es ist sogar schmerzlicher, als Papiere zu kaufen und zu verlieren.

Nach dieser These müßte man glauben, daß sich die Banken und Geldinstitute gegenüber dem Publikum unehrlich verhalten. Ist das der Fall?

Nein, unehrlich absolut nicht. Aber oft sind sie unverantwortlich, ihre Angestellten und Agenten unwissend und unerfahren. Sie neigen dazu, auch ein wenig nach ihren eigenen Interessen zu handeln. Schließlich sind die Finanziers und Börsenmacher keine Waisenkinder, und die Banken und Geldinstitute sind selber *Profit-making*-Unternehmen, die an erster Stelle im Interesse ihrer Aktionäre handeln, um diesen die bestmöglichen Bilanzen zu präsentieren und höchsten Dividenden zu zahlen. Das bedeutet aber nicht, daß sie das Publikum übervorteilen möchten, um Profite auf seine Kosten einzuheimsen. Ein Wirt ist auch nicht unehrlich nur deswegen, weil er ein Gericht mehr empfiehlt als das andere, weil er es am selben Tag noch loswerden will. Eines ist jedenfalls sicher: daß die Popularität der Aktien, die durch Werbung in den Medien und durch steigende Kurse – auch wenn sie manipuliert sind – wächst, im Interesse der gesamten Wirtschaft liegt.

Aber sind die Verluste, die das Publikum durch fallende Kurse erleidet, nicht schädlich für die Wirtschaft?

Nur bis zu einem gewissen Grad. In der Geschichte der Börsen folgten Börsenboom und Börsenkrach zwangsläufig aufeinander. Bei einem Krach bleiben Tausende von Sparern auf der Strecke, aber der größte Teil des Geldes, das in Aktien angelegt war, wurde zu den Unternehmen geleitet. In einem Boom entstehen viele neue Unternehmen, die dann nach einem Krach wieder verschwinden. Aber noch mehr von ihnen überleben und bleiben für die wirtschaftliche Entwicklung unentbehrlich. Dieses Phänomen tritt besonders häufig auf in den modernen, revolutionären Industrien, bei Innovationen und Entwicklungen, bei denen Neugründungen wie Pilze aus dem Boden schießen – dank der Spekulationen. Dieses Risiko muß man allerdings ins Kalkül ziehen.

Sie erwähnten vorher Ungarn, um zu zeigen, wie wichtig die Spekulation auch in einem sozialistischen Land sein kann. Wieso?

Die ungarische Regierung und ihre Berater entdeckten nach vielen Jahren schlechter Erfahrung, daß die Tugenden der Privatwirtschaft trotz einiger Auswüchse produktiver sind als der orthodoxe Sozialismus. Außerdem will die Regierung das Sparkapital, das sich in relativ großen Beträgen in den Händen der Bevölkerung befindet (zum größten Teil in den Banken auf Sparkonten) und inflatorische Wirkung haben könnte, abschöpfen. Konsequenterweise geben die verstaatlichten Unternehmen festverzinsliche Anleihen aus mit verschiedenen Laufzeiten und höheren Zinsen als die Spareinlagen, die das Publikum mit großem Interesse ankauft. Das war der erste Schritt in Richtung Wertpapieranlage.

Der zweite Schritt ist, daß die Unternehmen nun solche Anleihen verkaufen, die außer Zinsen auch einen Anteil an den Gewinnen des Unternehmens ausschütten. Es ist genau dasselbe, was wir im Westen unter dem Namen Vorzugsaktien kennen: Diese bringen feste Zinsen plus eine Dividende, das heißt eine Ausschüttung aus den Gewinnen. Zur Zeit erwägen die Spezialisten in Ungarn, solche Anleihen herauszubringen, die überhaupt keine Zinsen, sondern nur eine Beteiligung an den Gewinnen bringen. In der westlichen Sprache wären das also Aktien mit Dividenden. Mit solchen Anlagen will die Regierung das Geld der Sparer aus den beweglichen Sparkonten in die Unternehmen leiten und dort einfrieren, was um so leichter ist, als die Spareinlagen eine viel niedrigere Verzinsung bringen als die eventuelle Dividende, wenn die Gewinne des Unternehmens gut sind. Jeder Sparer muß sich also den Kopf zerbrechen, in welchen sogenannten Anleihen mit Profitbeteiligung er die Chancen einer steigenden Dividende sieht oder bei welchen Anleihen er die Gefahr wittert, daß das Unternehmen überhaupt keine Gewinne macht oder mit Verlust arbeitet. In diesem Fall würde er letztendlich auf seinen Anleihen, die ihm nichts bringen, sitzenbleiben – um so mehr, als in diesem Falle die Kurse dieser Anleihen fallen würden. Die Überlegung, in welcher Art man das Geld anlegen soll, heißt »spekulieren«, genauso, wie es in der Bundesrepublik und in Amerika vor sich geht. Kurz und gut, man fördert die Lust am Spekulieren.

Aktiengesellschaften existieren jedoch noch nicht in diesem sozialistischen Land?

Nein, aber der Keim zu Aktiengesellschaften ist schon vorhanden, da sich für gewisse Unternehmen mehrere Partner zusammenschließen können. Das Gesetz erlaubt einem Geschäftsmann, maximal zehn Angestellte zu haben, denn mehr Angestellte wären nach dortigem Verständnis schon ein Ausbeuten von Arbeitnehmern durch einen anderen Menschen. Wenn also fünf Partner sich in einer Firma zusammenschließen, können sie zusammen fünfzig Angestellte haben. Ein Spiel mit Zahlen. Ein Schritt weiter, und die fünf Partner können Anteilscheine ihres Unternehmens schaffen und diese unter sich verteilen und sie dann verkaufen, im Prinzip wie Aktien. All dies in einem kommunistischen Ostblockstaat. Gibt es einen besseren Beweis dafür, welche wichtige Rolle die Aktiengesellschaft in der Wirtschaft spielt, wenn der Staat der privaten Initiative mehr Freiheit einräumen will? Nicht die Anleihe oder das Sparbuch – die hat man auch in orthodoxen sozialistischen Ländern –, sondern die Aktie ist typisch für die freie Marktwirtschaft. Denn wenn der Sparer sein Geld durch Aktien in ein Unternehmen investiert, geht es ihm primär nicht um Zinsen, sondern um Beteiligung am Gewinn und Wachstum des Unternehmens, welche sich im steigenden Aktienkurs ausdrücken. Kurz und gut, die Börse ist der Umschlagplatz des gewinnorientierten Anlagekapitals, und daher wird sie immer in irgendeiner Form existieren, ob an der Straßenecke, unter einem Baum, im Kaffeehaus oder im Börsensaal, ob mit Mitbestimmung oder ohne, ob mit privatem oder halbstaatlichem Kapitalismus – solange es wenigstens einen kleinen Teil von Privatwirtschaft gibt. Ohne Aktien gibt es keine freie Marktwirtschaft, ohne freie Marktwirtschaft hat die AG keine Berechtigung, aber ohne Börse gibt es keine Aktiengesellschaft.

Wer sind die Aktionäre?

Wie schon gesagt, besteht das Publikum aus all denen, die etwas oder viel flüssiges Geld zur Verfügung haben und dieses aus unterschiedlichen Motivationen in Wertpapieren anlegen möchten. Es gibt unter ihnen kleine, mittlere und große Sparer, das heißt Kapitalisten. Unter ihnen sind solche, die von einem Tag zum anderen einen Schnitt machen wollen und heißen Tips nachjagen, also »spielen«. Daneben gibt es Spekulanten, die ihre Anlagen dynamisieren wollen, womit ich sagen will, daß sie ihre Wertpapiere von Zeit zu Zeit austauschen, je nach der Konjunktur und den Aussichten auf mittelfristige Kursschwankungen spekulieren.

Ich betone das Wort »spekulieren« und sage nicht »spielen«. Diese Spekulationen basieren auf verschiedenen Grundlagen: Zinsentwicklung, Wirtschafts- und Geldpolitik der Regierung, technische Faktoren usw.

Was nennen Sie mittelfristig?

Ein bis drei, eventuell bis fünf Jahre.

Und langfristig?

Der langfristige Anleger ist bereit, Wertpapiere jahrelang zu behalten und sehr oft über längere Zeit die Kurse zu verfolgen. Seine Motivation bezieht sich auf einen Zeitraum von vielen Jahren, und seine Motivation ist die Hoffnung auf das permanente Wachstum des Unternehmens. Die Aktionäre von IBM, die Ausdauer über viele Jahre hatten, haben ihr Einsatzkapital mehr als verhundertfacht.

Was sind die entscheidenden Faktoren für die kurzfristige Börsentendenz?

Auf kurze Sicht hat die Wirtschaftslage oder die Qualität eines Unternehmens gar keinen Einfluß auf die Kurse. Um so mehr jedoch die Tagesereignisse, Kurznachrichten usw. und sogar Klatsch, da viele Spieler aus diesen Ereignissen Schlüsse für die weitere Entwicklung ziehen. Diese Folgerungen sind aber meistens falsch oder irreführend, da sie vollkommen unberechenbar sind. Nicht die tatsächlichen Ereignisse selbst, sondern die psychologische Reaktion des Publikums auf diese Ereignisse beeinflußt die Kurse.

Ein außerordentlich typisches Beispiel: 1939, nach dem Münchener Vertrag und der Zerstückelung der Tschechoslowakei, waren die europäischen Börsen in guter Stimmung, da Hitler der Welt tausend Jahre Frieden versprochen hatte. Der deutsche Führer erklärte sich mit dem Münchener Vertrag zufrieden. Der englische Premier Chamberlain erklärte im Unterhaus nach dem aggressiven Vorwurf eines Parlamentsmitgliedes wegen Verrats an der Tschechoslowakei, er hätte keinen Grund, an »Herrn Hitlers« Versprechen zu zweifeln, daß nun der Friede gesichert sei. Es war also kein Wunder, daß eine gute Atmosphäre an den Börsen herrschte – einschließlich der Pariser. Dann kam aber die große Überraschung vom 15. März 1939, als Hitlers Truppen die noch existierende kleine Tschechoslowakei mit Prag besetzten. Groß war die Konsternation in der ganzen Welt. Premier Chamberlain kam wieder vors Unterhaus und erklärte, diesmal mit einer Grabesstimme, daß er tief betrübt sei, da Herr Hitler sein Wort gebrochen habe. Er erklärte ebenfalls ganz klar und mit scharfer Betonung, daß für den Fall, daß Herr Hitler Danzig oder Polen angreifen würde, Großbritannien mit all seinen Kräften und *manu militari* den Angegriffenen zu Hilfe kommen würde. Das war eine schwerwiegende Deklaration. Darauf haben sich natürlich alle europäischen Börsen abgeschwächt. Die große Hoffnung auf tausend Jahre Frieden war zerstört. Und die abbröckelnde Tendenz hielt Monate an. Die Kriegsangst wurde immer größer. Es war ja auch klar, daß die Leute Angst hatten, ihre Wertpapierdepots langsam veräußerten und sich eher Bargeld für alle Eventualitäten in Reserve hielten. Eine sehr leicht verständliche und logische Reaktion.

Eine selbstverständliche Frage wäre nun, wer denn in einem solchen Moment die Käufer sind. Wie schon gesagt, gibt es an einer großen Börse immer Käufer und Verkäufer. Gekauft haben natürlich an erster Stelle die Optimisten, die überzeugt waren, daß es nicht zum Krieg kommen und Hitler einen Rückzieher machen würde. Dann gab es solche, die der Meinung waren, daß ein Krieg, falls er doch ausbrechen sollte, nicht lange dauern könnte. Deutschland sei wirtschaftlich sehr geschwächt, Hitler ein großer Bluff, und nach einigen Monaten Krieg müßte er um Frieden bitten. Dann gab es wieder andere, die der Ansicht waren, daß die Kurse schon sowieso so tief wären, daß man – Krieg oder nicht Krieg – kaufen müßte. Dies waren natürlich auch die institutionellen Anleger, die ihr Bargeld unterbringen mußten, besonders da die Kurse ihnen so günstig schienen. Andere Gesellschaften dagegen verfügten auch über Liquidität und kauften bei diesen tiefen Preisen ihre Aktien zurück. Die Kurse rutschten also langsam in die Tiefe. Bei jeder Drohung Hitlers fielen die Kurse noch mehr, besonders nach dem 23. August, als die Außenminister Molotow und von Ribbentrop den deutsch-russischen Pakt unterschrieben. Viele empfanden, daß damit das Schicksal Europas besiegelt sei, weil die beiden Parteien, jetzt schon Verbündete, Polen unter sich aufteilen wollten. Der Krieg schien *ante portas*. Die Börse fiel noch weiter. Man dachte bereits an alles Schlechte, was im Kriegsfalle kommen würde: die Börse geschlossen, die Banken ebenfalls, Moratorium für alle Zahlungen usw. Jedenfalls mußte man wirklich große Courage haben, um französische Aktien zu kaufen. Nicht nur die Pariser, sondern auch die New Yorker und Londoner Börse waren sehr schwach. Ich selber war auch auf alles Schlimme gefaßt. Konnte man sich etwas Schrecklicheres vorstellen als Krieg? Und da kam nach äußerst nervösen Tagen am 1. September der Angriff auf Polen und Danzig und am 3. September die Kriegserklärung seitens Frankreichs und Englands an die deutsche Regierung. Doch da gab es für uns Börsianer und Geldmanager die große Überraschung: Die Banken schlossen nicht, es gab kein Moratorium, die Börse war nicht zu, nicht einmal die Devisenbörse, es wurde keine Devisenzwangswirtschaft verordnet. Und die größte aller Überraschungen – unfaßlich: Die Börsentendenz drehte sich, und die Kurse stiegen raketenhaft in die Höhe. Wer hätte sich das vorstellen können, eine stürmisch steigende Börse als Reaktion auf Kriegsausbruch? Und was war die Erklärung?

Es gab verschiedene Begründungen: einmal die technische Verfassung des Marktes und das Phänomen *Fait accompli*, worauf ich später zurückkommen werde. Es gibt auch eine sachliche Erklärung, die ganz logisch klingt. Das Publikum war monatelang ängstlich und wollte Bargeld hamstern. Nun aber begann ein neues Kapitel. Es war Krieg, ein Krieg mit allen wirtschaftlichen Folgen. Krieg bedeutete für das Publikum nach seiner Erfahrung Inflation. Inflation, Geldentwertung, erinnerte an den Ersten Weltkrieg. Man wollte also das Bargeld in Sachwerte eintauschen – und so schnell wie möglich. Immobilien kann man nicht auf die schnelle kaufen. Es lag also auf der Hand, Aktien zu kaufen. Das war in den Augen der Menschen besser als Bargeld. Und diese raketenartige Aufwärtsbewegung dauerte, bis die erste deutsche Offensive gegen Holland anfing. Dann brach die ganze Börsenhausse zusammen. Plötzlich wurde Publikum und den Börsenspielern bewußt, daß der heiße Krieg anfing. Diese dramatische Abwärtsbewegung dauerte dann bis Mitte Juni, als die deutschen Truppen auch Paris besetzten. Dann wurde die Börse doch geschlossen und aus dem besetzten Paris nach Vichy im unbesetzten Teil Frankreichs transferiert. Das war aber natürlich nur der Schatten einer Börse mit minimalen

Umsätzen und mit einem Bruchteil der vorherigen Kurse. Das ist die Börse! Sie reagiert unberechenbar, hysterisch und scheinbar gegen jede Logik, speziell gegen die Alltagslogik, die jedoch mit der Börsenlogik nicht identisch ist.

Was sind die entscheidenden Faktoren für eine mittelfristige Börsentendenz?

Der Zins und die Liquidität auf dem Kapitalmarkt haben erheblichen Einfluß darauf, ob in den kommenden Monaten – also mittelfristig – das Angebot oder die Nachfrage in Aktien stärker wird. Der Zins, speziell der langfristige Zins hat einen direkten Einfluß auf den Anleihenmarkt. Wenn die Rendite der Anleihen kleiner wird, kommen mehr flüssige Mittel auf den Aktienmarkt, aber diese Zinswirkung auf die Aktien macht sich erst nach einer gewissen Zeit bemerkbar. Einem Rückschlag auf dem Anlegermarkt wird ganz sicher auch in etwa sechs bis zwölf Monaten ein Sturz der Aktienkurse folgen. Wenn dieser auch durch eine euphorische Atmosphäre eine ganze Weile zurückgehalten würde, so kommt er trotzdem plötzlich und unerwartet wie ein Blitz aus heiterem Himmel. Wie lange die Zeitspanne zwischen dem Sturz des Anleihen- und des Aktienmarktes dauert, ist nicht im voraus feststellbar, da so viele verschiedene Faktoren mitspielen. Der wichtigste Faktor ist die technische Verfassung des Marktes. Was das bedeutet, werde ich später darlegen.

Und für die langfristige Börsentendenz?

Die Psychologie des Anlegerpublikums ist auf lange Sicht nicht entscheidend. Wer will heute schon die Ängste, Hoffnungen, Vorurteile sowie Reaktionen auf innen- und außenpolitische Ereignisse von kommenden Jahren vorhersehen? Nichtsdestoweniger kann in gewissen Dingen eine tiefliеgende psychologische Einstellung des Publikums einen Markt jahrelang beeinflussen wie zum Beispiel der Enthusiasmus gegenüber dem Gold, der jahrelang andauerte.

Die Zinsentwicklung ist auf lange Sicht hin auch unvorhersehbar. Man glaubt zwar und behauptet oft sogar, daß der Vorsitzende der Federal Reserve Bank der Diktator der Zinsen in Amerika sei. Das stimmt zwar in gewisser Hinsicht. Aber auch er weiß nicht, wie er in drei Monaten die Zinsen diktieren wird, da er selber noch nicht weiß, wie sich die Lage in drei Monaten entwickeln wird, welche Ereignisse eintreffen werden, die ihn dazu veranlassen, die Zinsen zu senken oder zu erhöhen. Er kann nicht auf mehrere Monate das Verhalten des Anlagepublikums, der Unternehmer sowie der Verbraucher vorhersehen, abgesehen von allen Imponderabilien wie eine eventuelle Spannung oder große Überraschungen in der Außen- und Innenpolitik. Sollte sich wieder eine inflatorische Psychose entwickeln, wird er die Zinsen erhöhen. Sollten die Unternehmer in ihren Investitionen Zurückhaltung üben und auch das allgemeine Geschäftsleben sich in einer dauernden Flaute befinden, dann wird er die Zinsen senken.

Die Zinsentwicklung bleibt aber der wichtigste Einflußfaktor auf die Börsentendenz. Die soziale Lage, der Arbeitsmarkt, neue Handelsverträge mit dem Ausland, monetäre Ereignisse in den anderen Ländern, alles hat eine Wirkung auf das Handeln der Federal Reserve Bank. Es genügt nicht die Beobachtung des Anlagepublikums für eine gewisse Zeit. Man müßte auch einschätzen können, wie es nach dieser Zeit die weitere Entwicklung beurteilen wird. Kurz, Voraussagen wären die Vorwegnahme im Quadrat, das heißt die Vorwegnahme der Vorwegnahme. Nicht einmal der Vorsitzende des Federal Reserve Systems kann auf all diese Fragen eine präzise Voraussage machen. Viel mehr als ein Diktator ist er ein Steuermann, der sein Schiff sicher zwischen Inflation und Deflation, Krise und Hochkonjunktur, Optimismus und Pessimismus hindurchsteuern muß. In der langfristigen Einschätzung spielt die Entwicklung der Wirtschaft, der Branchen und der einzelnen Unternehmen, ihre Chancen, ihre zukünftigen Gewinne, ihr Wachstum eine entscheidende Rolle.

Wird die Börse durch die immer perfektere Medientechnik transparenter?

Die Transparenz wird größer, doch die Schlußfolgerungen, die ein jeder für sich ziehen muß, werden nicht erfolgreicher. Nur für den würden die blitzschnellen Informationen ein unschätzbares Kapital darstellen, der allein darüber verfügt. Informationen, Nachrichten über Ereignisse, die alle Börsenteilnehmer kennen, sind völlig wertlos – und das ist ja heute meist der Fall. Ich sage immer: »Was schon jeder weiß, macht mich nicht heiß.« Wichtig ist, die Nachrichten zu interpretieren, und dies fällt öfter falsch als richtig aus. Die falsche Interpretation der Nachrichten ist das gefährlichste.

Einen Sektor des Börsengeschäftes hat allerdings die blitzschnelle Telekommunikation fast völlig vernichtet, und das ist die *Arbitrage*, das heißt das Ausnutzen der Kursunterschiede an verschiedenen Börsen. Noch vor zwanzig Jahren florierte das Arbitragegeschäft zwischen New York, London, Paris, Frankfurt u.a. Es gab zwei, drei Prozente Kursunterschied zwischen zwei Plätzen, und derjenige konnte davon profitieren, der dies als erster gewußt hat: Auf einem Platz kauft er, und auf dem anderen verkauft er die Papiere 2 bis 3 Prozent höher. Heute stehen die Börsen in permanenter Telefonverbindung. Kursunterschiede können nur einige Sekunden bestehen und werden sofort ausgeglichen. Damals war die ganze Kunst, die Telefonverbindung mit einem anderen Platz eine Minute früher zu bekommen als die Konkurrenz. Tüchtige Arbitrageure suchten also Verbindung zu der Telefonzentrale. In alten Zeiten, als das Telefon noch nicht automatisch war, knüpften die Arbitrageure mit den Telefonfräulein Freundschaften an. Man bestach sie mit Parfüms oder Bonbons, führte sie manchmal aus, um bei den Verbindungen eine Priorität zu erhalten. Ich kannte sogar einen erfolgreichen Arbitrageur, der mit einer Telefonistin geflirtet und sie sogar später geheiratet hat. Ein Kabarettist sang auf dem Brettl: »Hallo, du süße Klingelfee, hallo, sag!, wie die Börse steht...« Die Arbitrageure, die aus den genannten Gründen ihr Brot verloren haben, sind heute, anstatt Arbitrageure im Raum, Arbitrageure in der Zeit geworden. Sie profitieren nicht mehr von den Kursdifferenzen zwischen zwei Börsenplätzen, sondern von den Kursdifferenzen von heute auf morgen. Das ist kein Beruf mehr, sondern Börsenspiel.

Worin unterscheidet sich Spiel von Spekulation?

Der Spieler hat keine tiefliegenden Motivationen, er möchte, wie schon erwähnt, einen schnellen Schnitt machen, von heute auf morgen, maximal in einigen Tagen oder in einigen Wochen. Er denkt und handelt auf ganz kurze Sicht. Er folgt schnell Tips, die herumgeflüstert werden, begnügt sich mit kleinen Gewinnen, läßt die Chancen von eventuell steigenden Kursen außer acht und handelt wie ein Spieler im Roulettsaal, der von einem Tisch zum anderen rennt, um ein paar Münzen zu gewinnen, indem er auf Rot oder Schwarz setzt. Er handelt nicht intellektuell, sondern emotionell.

Die Spieler schwimmen mit der Masse. Sie können sich der vorherrschenden Stimmung nicht entziehen, da sie ja selber ein Molekül der Masse sind. Sie kaufen, weil ihr Nachbar kauft, und dieser kauft wiederum, weil sein Nachbar kauft, und auch umgekehrt: Er verkauft, weil der Nachbar verkauft. Solche Spieler machen 90 Prozent des Börsenpublikums aus. Sie bilden die Masse, deren psychologische Reaktionen etwas ganz anderes sind als die Überlegungen der Spekulanten.

Sie zu analysieren ist eher die Aufgabe eines Fachmannes, der in der Massenpsychologie spezialisiert ist, als die eines Volkswirtes. Wenn man hundert besonders intelligente Menschen in einem Raum einschließt, dann wird diese Masse nicht intelligent, sondern irrational reagieren. Wenn in einem vollbesetzten, dunklen Kino einer laut schreit: »Feuer!«, dann wird eine Panik ausbrechen, in der Leute verwundet, vielleicht sogar zu Tode getrampelt werden, obwohl nicht einmal ein Streichholz gebrannt hat. Und so geschieht es auch an der Börse: Wenn zu viele Spieler auf die Hausse spekulieren und mit Aktien übersättigt sind, läuft die massenpsychologische Wirkung in entgegengesetzter Richtung genauso. Sir Isaac Newton, der berühmte Physiker, der ein leidenschaftlicher Börsenspieler war und sein ganzes Vermögen in dem Londoner South-Sea-Bubble-Krach verloren hat, kennzeichnete am besten die massenpsychologischen Phänomene: »Ich kann die Bahn der Himmelskörper auf Zentimeter und Sekunden berechnen, aber nicht, wohin die verrückte Menge einen Börsenkurs treiben kann.«

Sie sprachen vorher von Tips. Was halten Sie davon?

Meine Einstellung Tips gegenüber ist sehr negativ. Hände weg davon! 90 Prozent der Tips sind nichts anderes als Promotion oder sogar Manipulation. Irgendeine Finanzgruppe, ein Syndikat oder Geldinstitut versucht, dem Publikum gewisse Papiere anzudrehen, verbreitet durch die Presse, durch Mund-zu-Mund-Propaganda und durch immer höher manipulierte Kurse eine günstige Stimmung für das Papier, damit das Publikum anbeißt. Durch den Kauf steigen die Kurse weiter. Es kommen mehr und mehr Käufer dazu, denn, wie schon gesagt: Nichts ist einfacher, als dem Publikum Papiere zu verkaufen, die laufend in die Höhe klettern. Im alten Wien nannte man das »Hasenhaarschneiderei«. Dieses Publikum ist leicht zu manipulieren, und solche Manipulationen gibt es, seit Börsen überhaupt bestehen. An der ältesten organisierten Börse in Amsterdam war solches Vorgehen schon im 17. Jahrhundert an der Tagesordnung: Man lockt die Hasen ins Haus und schneidet ihnen dann ihre Haare.

Sie sagten, der Spekulant handelt intellektuell. Was verstehen Sie darunter?

Er handelt intellektuell, das heißt mit Überlegung und nicht emotionell. Ich meine also nicht »intelligent«, denn die Überlegung kann auch unintelligent oder falsch sein. Er hat aber eine Vorstellung, eine Idee oder Orientierung, was richtig oder unrichtig ist, geht aber nicht emotionell unter dem Einfluß der Masse vor. Meistens sind seine Vorstellungen mittel- oder langfristig und mit Argumenten untermauert. Die Argumente können auch falsch sein, aber es sind Argumente und nicht reine psychologische Reaktionen auf irgendeine Nachricht oder Ereignis.

Ist das der ganze Unterschied?

Nein. Wie schon gesagt, handelt der Spieler kurzfristig, auf kleine Gewinne erpicht. Der Spekulant dagegen unternimmt Transaktionen und rechnet auf größere Kursschwankungen, manchmal auf Jahre, bis sich seine Vorstellungen bestätigen. Der Spekulant beurteilt die Kurse objektiv, unabhängig davon, ob er im Gewinn oder Verlust ist; denn die Börsenkurse sind auch unabhängig von seiner persönlichen Lage. Er kann sich natürlich auch irren, seine Annahmen können nicht eintreffen.

Sind die Spieler oder die Spekulanten in der Vergangenheit erfolgreicher gewesen?

Ich behaupte, daß die Spekulanten zweifelsohne mit Abstand erfolgreicher waren. Es gibt zwar eine Armada von kleinen und großen Spielern – wie gesagt, 90 Prozent der Börsenteilnehmer –, aber ihre Erfolge bleiben sehr begrenzt. Schon weil die Spieler nie gegen den Konsensus handeln können. Man sprach im alten Wien von »jungen Börsianern, alten Schnorrern«. Ein guter Spekulant geht auch gegen den Konsensus, wenn er dafür Argumente und Motivationen hat. Ich behaupte nicht, daß jeder Spekulant immer gegen die allgemeine Meinung geht, denn auch unter den Spekulanten ist die Zahl jener, die dazu fähig sind, sehr gering. Ich schätze sie auf maximal 10 Prozent der Teilnehmer, denn es ist besonders schwer, sich der vorherrschenden Stimmung zu entziehen.

Können Sie es tun?

Ja, aber es war nicht leicht, so weit zu kommen. Erst nach langjährigen Erfahrungen habe ich meine Theorien und Prinzipien aufgestellt. Aber diese dann in die Praxis umzusetzen war außerordentlich schwierig.

Warum eigentlich, wenn Sie schon daran geglaubt haben?

Ganz einfach. Jedesmal, wenn ich hätte kaufen sollen, als andere verkauften und kaufen, als alle anderen zum Verkauf rieten, dachte ich, meine Theorien seien zwar richtig, daß ich gegen die Masse gehen müßte. Aber diesmal, sagte ich mir, könnte es vielleicht ganz anders sein. Erst später entdeckte ich, daß es auch diesmal nicht anders gewesen war und es genauso kam, wie ich es dank meiner Theorie vorausgesehen hatte. Nach langem Training und viel Lehrgeld bin ich heute schon dazu fähig, genau das Gegenteil von dem zu machen, was im Trend liegt – und wenn auch nur aus Trotz. Dutzende von Anekdoten darüber habe ich in meinen Schriften schon weitergegeben. Das beste Beispiel zitiere ich zum Beweis gerne – den Erfolg des großen Malers Pablo Picasso: Seine Bilder sind Millionen wert, obwohl er manchmal Gesichter darstellt, bei denen die Augen unten und die Nase oben ist. Also denke ich, muß man auch an der Börse nonkonformistisch, sogar antikonformistisch sein, denn die allgemeine Meinung an der Börse ist keine zehn Pfennig wert.

Was braucht man noch,
um nonkonformistisch zu werden?

Man muß mißtrauisch, zynisch und auch ein wenig eingebildet sein, um sich sagen zu können: »Ihr seid alle Dummköpfe, nur ich weiß etwas, oder jedenfalls weiß ich es besser!« Ein harter Spekulant darf noch nicht einmal seinem eigenen Vater trauen, geschweige denn den Bankern, der Presse, den Medien, den Maklern und allen anderen Schlawinern. Besonders sollte man sich vor den Maklern in acht nehmen, die die ganze Börse nur als eine Provisionsmaschine betrachten. Sie wissen nicht nur nicht mehr als jeder andere, der nachdenkt und das kennt, was in den Zeitungen steht – sie haben ja auch nicht die Zeit, darüber nachzudenken. Sie leiden auch an einer intellektuellen Deformation, da sie nur daran denken, großen Umsatz zu machen und Provisionen zu kassieren.

Trotz aller Ratschläge, ob gedruckt oder mündlich, wissen sie nicht mehr als irgendein Laufbursche. Ich denke bei ihnen immer an eine berühmte Kolloraturarie aus Verdis »Maskenball«, die der Page Oskar singt: »Oskar weiß es, sagt es aber nicht.« Denn ich drehe den Spieß um: »Der *Broker* (Makler) sagt es, weiß es aber nicht!«

Schon vor langem habe ich den Spruch geprägt: »Jeder Broker ist des Kunden Feind, ohne es zu wissen.« Kaufen oder verkaufen ist ihm egal; Hauptsache ist, daß er handelt. Sein Traumkunde ist nicht der Anleger, sondern der Spieler. Ich sage oft, der Broker liebt den Spieler, würde ihm aber seine Tochter nicht zur Frau geben. Trotz allem können wir aber unsere Börsentransaktionen nicht ohne die Broker abwickeln. Man muß sie nur richtig auswählen. Einen Fall möchte ich hier unbedingt anführen: Die große Brokerfirma X bekam einen Telefonanruf von einem ihrer größten Kunden, einem Milliardeninvestmentfonds, der einen ganz großen Posten US Steel verkaufen und statt dessen einen genauso großen Posten Bethlehem Steel kaufen wollte. Der Kunde bat den Broker, diesen Auftrag so günstig wie möglich auszuführen. Die Brokerfirma sandte darauf an Tausende von Kunden ein Telegramm, in dem sie den Kauf von US Steel und den Verkauf von Bethlehem Steel empfahl, also genau das Gegenteil von dem, was sie für den Fonds hätte machen sollen. Sie wollte also den Milliardenkunden mit einer guten Auftragsausführung bevorzugen, selbst wenn es für die vielen kleinen Kunden schlecht ausgehen würde. Vielleicht war diese Empfehlung für die kleinen Kunden letzten Endes nicht einmal ungünstig, denn auch der Fonds konnte sich irren, und vielleicht war es falsch, die US Steel gegen Bethlehem zu tauschen. Vom ethischen Standpunkt jedoch war das Vergehen des Brokers absolut verwerflich.

Welche Eigenschaften sollte ein guter Spekulant haben?

Scharfsinn, Intuition, Phantasie.

Scharfsinn: heißt, die Zusammenhänge zu verstehen, das Logische vom Unlogischen zu unterscheiden.

Intuition: ist eigentlich nichts anderes als unterbewußte Logik, die ein Produkt langjähriger Börsen- und Lebenserfahrung ist.

Phantasie: läßt einen mit allem rechnen, was möglich ist – mit allem Guten und allem Schlechten.

Man muß aber auch Selbstkontrolle besitzen und Elastizität, um zuzugeben – und sogar oft –, daß man sich geirrt hat und die Überlegung falsch war. In dem Fall muß man natürlich sofort die Konsequenzen ziehen.

Der gute Spekulant muß auch Geduld und Nerven haben, bis sich seine Vorstellungen verwirklichen. Er soll nach jedem Erfolg und Mißerfolg überlegen, welchen Ereignissen er dieses Ergebnis zu verdanken hat. Wenn er Erfolg hat, darf er sich nicht übernehmen, sondern muß demütig bleiben und sich sagen, daß auch Glück dabei war. Aber bestimmt darf er mit seinem Erfolg nicht protzen, denn, wie viele alte Börsianer behaupten: An der Börse gemachtes Geld ist nur geliehenes Geld, das man bei der nächsten Gelegenheit wieder mit hohen Zinsen zurückzahlen muß. Die Börse ist ein großer Wucherer. Erfolg oder Mißerfolg – der Spekulant muß auf jeden Fall daraus lernen.

Was sind die schlechtesten Eigenschaften des Spekulanten?

Wie Elastizität eine gute Eigenschaft ist, um aus Mißerfolgen eine richtige Konsequenz zu ziehen, ist Sturheit und Hartnäckigkeit die schlechteste. Überzeugung muß man schon haben, aber im gegebenen Moment, wenn man seinen Irrtum entdeckt hat, konsequent sein und aus dem Boot springen. Unter Irrtum verstehe ich nicht den Rückgang einer für 100 gekauften Aktie auf 90, sondern wenn man einen Fehler im Aufbau der Argumente entdeckt hat oder das Eintreffen eines dramatischen unerwarteten Ereignisses bemerkt; deswegen zieht ein guter Spekulant die Unwägbarkeiten in sein Kalkül ein.

Welchem Beruf ähnelt der eines Spekulanten am meisten?

Am ehesten dem eines Arztes, ein wenig auch dem eines Anwalts, Politikers oder Kaufmanns. Überhaupt nicht dem eines Ingenieurs oder Volks- oder Betriebswirtes.

Warum diese Ähnlichkeit mit dem Beruf des Arztes?

Der Börsianer wie auch der Arzt müssen zuallererst die Diagnose stellen. Warum steht die Börse tief oder hoch? Warum fällt oder steht eine gewisse Aktie? Aus der Diagnose ergeben sich die Therapie, die Prognose und alle weiteren Überlegungen. Wie der Arzt muß der Börsianer, sobald er merkt, daß seine Entscheidung in die falsche Richtung geht, sein Vorgehen korrigieren und neue Entschlüsse fassen. Wie die Medizin ist auch die Spekulation keine Wissenschaft. Sie ist eine Kunst, wie auch die Medizin als Heilkunst bezeichnet wird.

Der Gedankengang des Ingenieurs oder sogar eines Wirtschaftsingenieurs ist von genau entgegengesetzter Art: Er ist rein mathematisch. Ingenieure dürfen sich unter keinen Umständen von Intuition leiten lassen, die für den Spekulanten nicht nur in einem gewissen Maß erlaubt, sondern sogar unerläßlich ist. Der Spekulant phantasiert – der Ingenieur rechnet. Dem Anwalt geht es etwas anders: Er muß auch Phantasie und Intuition haben, ist darüber hinaus aber in den festen Rahmen der Gesetze eingeschlossen.

An welches Spiel erinnert die Börsenspekulation am meisten?

Zweifellos an eine Kartenpartie, Skat, Bridge oder Poker, aber überhaupt nicht an Schach oder Roulett. Der Börsenspekulant muß sein Vorgehen der sich ständig ändernden Situation anpassen wie der Kartenspieler an die Karten, die er erhält. Die Ereignisse können für den Spekulanten günstig oder ungünstig sein wie die erhaltenen Karten für den Spieler. Der gute Spekulant zieht sich wie der gute Kartenspieler aus der Affäre: Mit guten Karten gewinnt er viel, mit schlechten Karten verliert er wenig. Mit günstigen Ereignissen macht der Börsianer größere Profite, mit Ereignissen, die seinen Interessen entgegenlaufen, verliert er möglichst wenig.

Schach ist ein reines Kombinationsspiel. Glück spielt dabei überhaupt keine Rolle. Roulett dagegen ist ein absolutes Glücksspiel, bei dem jede Kalkulation ausgeschlossen ist. Nur Spielsüchtige bilden sich ein, irgendein System finden zu können. Die Börsenspekulation ist eine Mischung aus beidem: halb Glück, je nachdem wie die Ereignisse kommen und gehen, die Unwägbarkeiten eintreffen, und halb Kombination, Berechnung und Strategie wie beim Schachspiel.

Wie soll ein Spekulant sich also verhalten?

Die Spekulation ist eine Art von Philosophie, ständig die Pros und Kontras abzuwägen und eventuell (ich betone, eventuell und nicht sicher) die richtigen Schlüsse zu ziehen. Ein mathematisches Gehirn ist für Börsenspekulation auch geeignet, aber nicht, weil die Börse etwa auf Mathematik aufgebaut wäre, sondern weil Mathematik sicher ein Training zum logischen Denken ist. Volkswirtschaft, Betriebswirtschaft und Technik sind die größten Feinde der Börsenlogik, die mit der Alltagslogik nicht identisch ist. Was an der

Börse logisch ist, scheint dem Normalverbraucher oft unlogisch zu sein.

Ein Betriebswirt spielt gewiß bei der Analyse eines Unternehmens eine Rolle, das heißt der Analyse einer Bilanz. Aber Bilanzen sind sowieso meist falsch, gefälscht oder mindestens frisiert, und wenn sie auch ehrlich und richtig wären, sind sie *tempi passati*. Die Papiere steigen und fallen nicht, weil sie gut oder schlecht sind, sondern weil sie aufgrund gewisser Voraussetzungen und Konstellationen gut oder schlecht werden können. Oft muß man eine Aktie gerade aufgrund einer schlechten Bilanz kaufen, wenn Hinweise darauf vorhanden sind, daß die Entwicklung in eine günstige Richtung umkippen wird oder kann. Wer, der mit der Alltagslogik denkt, würde denn schon eine Fast-Pleiteaktie kaufen? Bei keiner Aktie kann man solche Gewinne machen wie bei den Aktien von Unternehmen, die vor einer Umkehrsituation stehen (*turn-around*); denn die Marge zwischen Pleite und Solvenz eines Unternehmens ist viel größer als die zwischen einer guten Lage und einer besseren. Das gleiche gilt für die Aktien des Unternehmens. Wenn ein Unternehmen, das fast pleite ist, zum Schluß doch nicht Konkurs macht, steigen seine Aktien auf das Vielfache. Wenn es einer gesunden Gesellschaft nach guten Jahren noch besser geht, wird sich das in den Kursen weniger widerspiegeln.

Große Profite kann man auch mit *notleidenden Anleihen* (das können Staats-, Stadt- oder Unternehmensschulden sein) machen, die durch eine Umkehrsituation wieder zahlungsfähig werden. Ich könnte kein besseres Beispiel nennen als die gesamten deutschen Auslandsanleihen, die Schuldverschreibungen von deutschen Städten, Ländern usw., die vor dem Krieg in den verschiedensten Währungen wie Dollar, Pfund, Schweizer Franken, holländischen Gulden, französischen Francs usw. herausgebracht wurden und die dann nach dem Londoner Schuldenabkommen 1952/53 100prozentig mit fünf Jahren Rückständigkeitszinsen zurückgezahlt wurden. Die Younganleihen französischer *Tranche* in französischen Francs wurden von der Adenauer-Regierung sogar nicht in französischen Francs, sondern in Dollar *revalorisiert* zurückgezahlt. Kurz und gut, die Anleihe für 1000 Franc *nominale*, die ich an der Pariser Börse 1947 für 250 Franc kaufen konnte, wurde nach dem Schuldenabkommen drei Jahre später mit 35000 Franc zurückgezahlt; das war auch der größte Koeffizient, den ich in meinem Börsianerleben erreichen konnte.

Man mußte doch schon viel Phantasie haben und in die weite Zukunft schauen können, um die Courage aufzubringen, in einem Moment, da die neue Bundesrepublik am Boden lag und über keinerlei Devisen verfügte, ihre Schuldverschreibungen in Dollar, Francs etc. zu kaufen. Als ich sie gekauft hatte, war die Hoffnung sehr klein, daß die Bundesrepublik diese Verpflichtungen eines Tages honorieren könnte. Aber das ist halt die Börse, und Spekulieren heißt, gewisse Dinge auf Jahre vorherzusehen.

Nennen Sie mir bitte ein Beispiel,
wie ein scheinbar unlogisches Argument an der Börse doch logisch sein kann.

Man könnte glauben, daß ein großer wirtschaftlicher Aufschwung zwangsläufig auch für die Börsenkurse günstig wäre. Falsch! Ein Wirtschaftsboom nimmt viel Kapital für direkte Investitionen in Anspruch und saugt einen großen Teil der Spargelder auf. Es bleibt weniger für die Anlagen in Wertpapieren übrig. Die Banken kommen den Kreditnachfragen schwer nach, um so mehr, als die Notenbank die Zinsen erhöht, um eine eventuelle inflatorische Wirkung des Booms zu bremsen. Die günstigen Folgen der Wirtschaftseuphorie wirken sich erst später aus. Wenn dann die Hochkonjunktur unter dem Druck der hohen Zinsen nachläßt, werden viele geplante Investitionen verschoben. Auf einmal gibt es mehr flüssiges Geld in den Banken, und die Zinsen gehen zurück. Die Notenbank muß auch nicht mehr bremsen, die Aktien können steigen. Um so mehr, als die vorher getätigten neuen Investitionen mit höheren Gewinnen die Früchte bringen. So kommt es vor, daß trotz einer besonders blühenden Wirtschaft mit steigenden Erträgen die Börsenkurse erst fallen können, bevor sich die günstigen Auswirkungen in ihnen widerspiegeln.

Und wie ist es in einer Krise?

Umgekehrt ist es genauso logisch. In einer Rezession fängt die Börse an zu steigen, weil bei flauer Geschäfts- und Investitionslage das zur Verfügung stehende Kapital und die Geldmenge nur teilweise gebraucht werden. Das Geld liegt in den Banken, und es wird ihm langweilig. Man kann es zwar aufs Sparkonto legen, aber die Zinsen sind eventuell noch tiefer als der Ertrag oder die Dividenden der Aktien. In einer Wirtschaftskonjunktur dagegen kommen viele neue Aktien auf den Markt – teilweise wegen Kapitalerhöhungen oder Neugründungen – und diese bilden eine gefährliche Konkurrenz für die alten, schon an der Börse gehandelten Aktien. Es ist ein wenig wie auf dem Gebrauchtwagenmarkt: Wenn dank der großen Nachfrage die Autofabriken erst nach langen Wartezeiten liefern können, steigen die Preise der Gebrauchtwagen manchmal sogar höher als die der neuen. Wenn dagegen die Fabriken mit großer Werbung günstige Angebote machen, manchmal mit Rabatten oder Geschenken, dann liegt der Gebrauchtwagenmarkt am Boden.

Und was ist das Fazit?

Man muß antizyklisch handeln und auf die allgemeine Meinung des Börsenpublikums keine Rücksicht nehmen.

Welche Faktoren sind außer der Stimmung noch entscheidend für die Börsentendenz?

Damit die Börse steigt, müssen die beiden wichtigsten Faktoren, Liquidität und Stimmung des Anlagepublikums, positiv sein. Wenn das Publikum fähig und willens ist, Papiere zu kaufen, steigt die Börse. Wenn die Sparer knapp an Geld und unwillig sind, die Aktien zu kaufen, fällt die Börse. Oft kommt es vor, daß der eine Faktor positiv, der andere negativ ist. Dann wird es zu keinen größeren Bewegungen, sondern nur zu kleineren Schwankungen kommen. Das wäre ein idealer Markt für viele Tagesspieler, die von einem Tag auf den anderen handeln wollen, herauf, herunter, herauf, herunter. Und das würde so gehen, bis beide Faktoren positiv oder negativ sind. Werden beide positiv, entsteht eine Aufwärtsbewegung, sogar eine Euphorie: himmelhochjauchzend. Wenn beide sich negativ entwickeln, kommt der dramatische Rückschlag, die Panik: zu Tode betrübt. Liquidität und Stimmung können sich auch gegenseitig beeinflussen: Fallende Zinsen können die Stimmung verbessern, und umgekehrt kann eine schlechte Stimmung die Liquidität verknappen. So kann zum Beispiel die Angst vor einer politischen Weltkrise oder vor Spannungen den Anleihemarkt negativ beeinflussen, weil die Interessenten keine langfristigen Anlagen machen, sondern die Anleihen eher verkaufen wollen. Dann steigen die Zinsen als Folgen der Angst. Die größere Rolle kommt aber immer der Liquidität zu, und die können wir Börsianer eher verfolgen; denn die Zinspolitik der Regierung ist ja öffentlich bekannt (jedenfalls auf kurze

Sicht). Absolut unberechenbar ist dagegen die psychologische Lage.

Haben Sie diese Phänomene schon oft in der Praxis erlebt?

Natürlich. Schon am ersten Tag, an dem ich in meinem Leben an der Börse war (1924 an der großen Pariser *Bourse*), sprach mich ein älterer Herr an: »Junger Mann, ich habe Sie hier noch nie gesehen; sind Sie ein Neuling?« – »Jawohl. Ich bin Lehrling bei der Firma XY.« »Ach so«, erwiderte er. »Ihr Chef ist ein guter Freund von mir. Ich werde Ihnen alles, was hier geschieht, kurz erklären. Alles hängt von einer Sache ab: Ob mehr Papiere vorhanden sind als Dummköpfe oder mehr Dummköpfe als Papiere.« Dieser Satz klingt mir noch heute in den Ohren. Dies ist in der Tat das Ei des Kolumbus für die Analyse der Börsentendenz. Der alte Kollege war vielleicht etwas zu kraß mit seiner Definition; wahrscheinlich hat er mit Aktien oft schlechte Erfahrungen gemacht, aber im Grunde genommen war sie berechtigt. Heute würde ich diese Grundwahrheit mit anderen Worten ausdrücken: Alles hängt davon ab, ob es für den Papierbesitzer wichtiger und dringender ist, seine Werte zu veräußern, oder für den Geldbesitzer, die Papiere zu kaufen.

Und auf diese Erkenntnis schwören Sie noch heute?

Jawohl! Nicht die Qualität der Papiere entscheidet, ob sie fallen oder steigen, sondern nur die Intensität der Nachfrage oder des Angebots. Der Spekulant muß also analysieren, woher das Angebot oder die Nachfrage kommen könnten.

Wer sind die Dummköpfe?

Gott sei Dank gibt es sehr viele. Was wäre die Börse, wenn es keine Dummköpfe gäbe? Ich gehe gerne in die Börsensäle (egal, in welchem Land), denn nirgends auf der

Welt kann ich pro Quadratmeter so vielen Dummköpfen begegnen, Menschen, die stark über ihre geistigen Verhältnisse leben. Es ist ja auch wichtig, sie zu kennen und zu hören, wie sie die Welt- und Wirtschaftsereignisse analysieren wie auch ein guter Karten-, speziell ein Pokerspieler, der die Gedankengänge seiner Partner kennen muß.

Also kann ein Spekulant von der Dummheit anderer profitieren?

Absolut, denn von der Dummheit der anderen kann der Spekulant oft mehr profitieren als von seiner eigenen Klugheit. Man kann auch von einem Dummkopf etwas lernen, besonders, was man nicht tun soll.

Dann müßte doch der Computer, der doch hochintelligent ist, der beste Börsenspekulant sein?

Nein, denn seine Klugheit hängt ja nur davon ab, wie er gefüttert wurde. Die Amerikaner sagen: »Garbage in – garbage out« (Müll rein – Müll raus). Der Computer ist nur eine außerordentlich nützliche Hilfe für den Spekulanten bei allen Daten, die er wissen möchte. Anstatt unter Tausenden von Drucksachen und Büchern in einer Bibliothek zu suchen, kann er seine Informationen auf Knopfdruck erhalten. Die größte amerikanische Brokerfirma hatte vor dreißig Jahren eine Bibliothek mit 300 Mitarbeitern. Heute hat sie nur zwanzig Mitarbeiter und einen Computer, der die Riesenbibliothek ersetzen kann. Der Computer hat keine Phantasie, eine der wichtigsten Eigenschaften des Spekulanten. Und auch die Imponderabilien sowie die in- und außenpolitischen Entwicklungen oder die der Technologie sind nicht in den Computer eingearbeitet. Hätte der Computer vor dreißig Jahren seine Rolle in den kommenden Jahrzehnten voraussehen können?

Wo ziehen Sie die Liquidität in Ihr Kalkül ein?

Wie gesagt: Die führende Rolle kommt immer der Liquidität zu, weil die Psychologie des Publikums flatterhaft ist. Sie kann in einer Sekunde von einem Extrem ins andere fallen. Die Entwicklung der Liquidität kann man jedoch – zumindest für einige Zeit, aber nicht auf lange Sicht – verfolgen. Es gibt Entscheidungen der Notenbanken und Zeichen in der Kreditpolitik der Großbanken, aus denen man manche Schlüsse ziehen kann. Ohne Liquidität kann die Börse nicht steigen. Sie ist derselben Ansicht, wie die Zigeunermusikanten im alten Ungarn es waren, wenn sie immer wiederholten: »Kein Geld – keine Musik!« Das Geld ist die Musik oder der Brennstoff der Börse.

Am besten könnte ich die Beziehung zwischen der Börse und dem Kapitalmarkt mit folgendem Beispiel illustrieren: Stellen Sie sich eine große und eine kleine Wanne nebeneinander vor; die große ist der gesamtwirtschaftliche Geldtopf, die kleine die Börse. Fließt viel Wasser in die große Wanne dank der Kreditpolitik, der Sparaufkommen, der Devisenzuflüsse, der Handelsbilanz und des Kapitalstroms aus dem Ausland usw. und fließt es parallel dazu nur langsam ab wegen des geringeren Kapitalbedarfs der Industrie, der öffentlichen und privaten Haushalte und niedrigerer Steuern, dann steigt der Wasserspiegel in der großen Wanne. Wenn das Wasser überläuft, fließt es in die kleine Wanne, die Börse, und treibt die Kurse in die Höhe. Das war der Fall auch in der Bundesrepublik in den letzten drei Jahren.

Umgekehrt aber: Wenn das Wasser aus der großen Wanne schneller abgezapft wird als es hereinfließt, dann bleibt für die kleine Wanne, die Börse, nichts übrig, und die Kurse fallen. Daher muß man den Wasserstand in der großen Wanne ständig verfolgen.

Gibt es keine anderen Voraussetzungen oder Einflußfaktoren für die Börsentendenz?

O doch! Eine besonders wichtige Bedingung für das kommende Steigen oder Fallen ist die technische Verfassung des Marktes. Unter der technischen Verfassung des Marktes verstehe ich den Umstand, ob die große Masse der Papiere – nach einer langen Periode des Steigens oder Fallens – sich schon in den Händen der Hartgesottenen oder der Zittrigen befindet.

Was verstehen Sie denn unter den »Zittrigen« und »Hartgesottenen«?

Das ist meine ganz persönliche und spezielle Definition; vielleicht unverständlich für viele, aber ich halte mich daran: Der »Hartgesottene« besitzt die vier Gs – *Gedanken, Geduld, Geld* und natürlich auch *Glück* (das versteht sich von selbst).

Gedanken: Das heißt, daß der Interessent Vorstellungen haben muß, Ideen und eine Überzeugung. Er muß auch Geduld haben, das heißt gute Nerven, und nicht sofort die Flinte ins Korn werfen, wenn das Papier, das er für 100 gekauft hat, auf 80 zurückgeht oder das Halten des Papieres ihm zu langweilig wird. Seine Überzeugung war ja, daß das Papier viel höher steigen muß. Wenn seine Diagnose den Rückgang jetzt nur auf einen unwesentlichen Grund zurückführt, muß er bei 80 sogar zukaufen; denn wenn er den Kurs von 100 schon als günstig beurteilt hatte, muß er ja den Kurs von 80 noch besser finden.

Aber er muß natürlich auch genügend Geld haben, um durchhalten zu können. Unter Geld verstehe ich nicht einen absolut großen, sondern nur einen relativ großen Betrag. Wenn der kleine Sparer, der 10000 DM besitzt, nur für 6000 DM Papiere kauft, hat er »Geld«; wenn ein Multimillionär

10 Millionen DM besitzt, für 30 Millionen Papiere kauft und 20 Millionen schuldig bleibt, dann hat er nicht genügend Geld (er hat überhaupt kein Geld, nur einen »Saldo«), um geduldig zu bleiben; denn wenn seine Papiere nur etwas zurückgehen, muß er seinem Gläubiger weitere Deckung geben, und wenn er es nicht kann, wird der Gläubiger, das heißt die Bank oder der Broker, die Papiere veräußern, auch wenn er Geduld hätte. Dem kleinen Sparer, der mehr Geld besitzt, als er Papiere gekauft hat, kann das nicht passieren.

Der »Zittrige« ist derjenige, dem eines der ersten drei Gs fehlt. Wenn er kein Geld hat, genügt es nicht, Geduld zu haben. Aber Geduld wird ihm auch fehlen, wenn er zwar Geld, aber keine Überzeugung – keine Gedanken – besitzt. Und wenn er Geld und Überzeugung hat, aber keine Geduld, dann wird er auch nicht durchhalten können.

Natürlich gibt es Schattierungen zwischen den »Zittrigen« und den »Hartgesottenen«. Man kann weniger oder mehr hartgesotten und weniger oder mehr zittrig sein. Aus einem Hartgesottenen kann auch allmählich ein Zittriger werden, aber aus einem Zittrigen wird nur sehr selten ein Hartgesottener, höchstens nach einer sehr, sehr langen Trainingsperiode.

Wenn sich die Papiere also in großem Umfang in starken Händen, in den Tresorschränken oder vollbezahlten Depots befinden, bezeichne ich den Markt als »überverkauft« (englisch: *oversold*). Wenn sich dagegen große Mengen von Papieren in den Händen der Zittrigen befinden und sogar noch mit Schulden belastet sind, dann nenne ich den Markt »übergekauft« (englisch: *overbought*).

Welche Folgen hat ein »übergekaufter« Markt?

Ein »übergekaufter«, mit Krediten belasteter Markt ist außerordentlich gefährlich, und es besteht sogar das große

Risiko, daß er jeden Moment zusammenbrechen kann, selbst wenn dazu gar kein sachlicher Anlaß besteht. Das ist der typische »Milchmädchenmarkt«: eine große Zahl von unerfahrenen, zittrigen Aktienbesitzern, die nur von der Stimmung angesteckt wurden und schnell noch auf den fahrenden Zug springen wollten. Abgesehen davon, daß sie keine Erfahrung und keine Nerven haben, hätten sie es sich auch aus ihrer finanziellen Situation heraus nicht erlauben können, Aktien zu kaufen. Sie haben vielleicht dazu auch Gelder verwendet, die sie für andere Zwecke in Reserve hätten halten müssen, geschweige denn, daß sie auf Kredit gekauft haben.

Und wie steht es mit dem »überverkauften« Markt?

Wenn die Papiere in großen Quantitäten in den Tresorschränken der Hartgesottenen ruhen, dann kann der überverkaufte Markt sogar bei schlechten Nachrichten steigen. Wenn dann noch irgendeine gute Nachricht eintreffen sollte, auch die kleinste gute Nachricht, wird der Markt raketenartig in die Höhe steigen. Je mehr Papiere schon in den Händen der Hartgesottenen sind, um so heftiger wird die Explosion sein.

Es gibt noch einen Faktor, der den überverkauften Markt noch »überverkaufter« macht: wenn viele *Baissiers* auf dem Markt aktiv waren und vorher große *Leerverkäufe* stattgefunden hatten.

In den Börsen der Bundesrepublik sind Leergeschäfte aus technischen Gründen nicht möglich, aber in New York, London, Zürich und besonders in Paris sind sie üblich. In Paris um so mehr, als dort ein *Terminmarkt* mit Ultimo Lieferung existiert, die dann auch *sine die* von Monat zu Monat prolongiert werden kann. In Amerika gibt es einen ganz großen und aktiven Terminmarkt nur für gewisse Staatsanleihen und natürlich auf den Warenterminmärkten.

Wie kann man feststellen, ob der Markt »übergekauft« oder »überverkauft« ist?

Dafür gibt es Prämissen und Symptome. Man muß in die Diagnose auch einbeziehen, wie sich die Umsätze in den vergangenen Monaten und Jahren entwickelt haben. Wenn die Kurse während einer langen Zeit – nehmen wir an, seit mehreren Monaten – mit immer weiter wachsenden Umsätzen in die Höhe stiegen, dann kann man annehmen, daß eine große Zahl von Papieren aus den Händen von Hartgesottenen in die von Zittrigen übergingen; je höher die Umsätze waren, desto mehr. Denn bei heftig steigenden Preisen kaufen nur die Zittrigen. Die Hartgesottenen verkaufen die Ware, die sie vorher bei fallenden Preisen in ihren Tresorschränken gestapelt haben, und sie verkaufen nur bei steigenden Kursen. Diese Bewegung dauert so lange, bis sich die große Masse der Papiere wieder in den Händen der Zittrigen befindet, die darauf warten, daß andere, ebenfalls Zittrige – mit Verspätung zwar –, sie ihnen abkaufen. Dann verfügen die Hartgesottenen über Bargeld und warten, bis die Zittrigen ihre Papiere wieder veräußern wollen. Diese möchten zwar ihre Aktien höher verkaufen, doch wenn das nicht gelingt, werden sie sie auch niedriger abstoßen, aus irgendeinem psychologischen oder technischen Grunde, manchmal sogar nur aus Ungeduld, weil sich keine neuen Zittrigen mehr melden. Und das trifft immer ein; denn nach der Euphorie kommt die Ernüchterung.

Es könnte sich natürlich noch eine neue, verspätete Käuferschicht melden, besonders wenn die Regierung mit Hilfe der Notenbank durch verschiedene Kanäle (steuer-, kreditpolitische oder andere) immer mehr Geld in die Öffentlichkeit pumpt, als die Industrie und die Wirtschaft es nicht benötigen. Es fließt also mehr Wasser aus der großen Badewanne in die kleine. Parallel dazu können die großen Geldinstitute das ganze Instrumentarium der Werbung benützen, um das Publikum börsensüchtig zu machen. Die Papiere werden an den Schaltern der Banken dem Publikum aggressiv empfohlen, und dazu werden leichte, billige Kredite angeboten, um so mehr, als die Banken keine bessere Möglichkeit haben, ihre Liquidität auszunützen. Nachdem die neuen Zittrigen ihre Papiere eingekauft haben, warten sie, bis immer noch weitere Zittrige auftauchen. Dann kommt der Moment, da es nicht weitergeht. Die Kurse stagnieren oder bröckeln etwas ab. Viele Aktienbesitzer verlieren ihre Geduld. Für sie ist das eine unangenehme Überraschung. Als sie die Aktien gekauft hatten, waren sie der Überzeugung – nach den Versprechungen der Drahtzieher –, daß die Kurse bestimmt steigen würden. Wenn dann die Börse stagniert oder sogar zurückgeht, halten sie es für eine persönliche Beleidigung und Hochverrat. 90 Prozent des Publikums, das einen Börsenboom hervorruft, ist untrainiert und ungeimpft gegen Verluste und kann es sich nicht einmal vorstellen, daß trotz der Meinung der Medien und der sogenannten Eingeweihten die Kurse auch fallen und sogar stark fallen können. Das ist die Analyse der Folgen eines »übergekauften« Marktes.

Aber wenn das Publikum dank günstiger Ereignisse weiter optimistisch bleibt?

Auch in diesem Falle gibt es andere, wichtigere technische Gründe, die die Tendenz beeinflussen. Bei einem Abbröckeln der Börse können die mit Schulden belasteten

Konten ihre Deckung verlieren. Die Banken gaben zwar leichte Kredite, aber nach einem Abbröckeln verlangen sie trotzdem zusätzliche Deckung und Sicherheit. Viele verschuldete Kunden müssen also entweder neues Geld einzahlen oder verkaufen. Die Verkäufe bringen weitere Kursrückgänge und die weiteren Kursrückgänge neue Verkäufe. Und die Kettenreaktion geht weiter. So kann der Kursrückgang sich auch ohne sachliche Begründung nur unter dem psychologischen und technischen Druck entwickeln.

Es kann auch ein Signal von der Notenbank kommen. Sie will eine überhitzte Spekulationsatmosphäre bremsen oder einer Inflationsgefahr vorbeugen und erhöht die Zinsen. In diesem Falle könnte der Kursrückgang sogar dramatisch enden.

Die massenpsychologische Reaktion ist die gefährlichste, wie ich es mit dem Beispiel des Kinos schon erklärt habe. Wenn nun bei immer steigenden Umsätzen die Preise weiter fallen und die Umsätze stärker anschwellen, gehen immer mehr Papiere aus den Händen der Zittrigen in die Hände der Hartgesottenen über. Zum Schluß kommt der totale Ausverkauf bei den niedrigsten Preisen aus den Händen der Zittrigen. Die Panik ist da, und die Papiere gelangen wieder in die Depots der Hartgesottenen. Aus diesem Versteck kommen sie erst später wieder bei steigenden Preisen auf den Markt. Die Aufwärtsbewegung fängt wieder an.

Beim Tiefstand der Kurse haben nun die Hartgesottenen die Papiere und die Zittrigen das Geld, auf dem Höhepunkt des Booms die Hartgesottenen das Geld und die Zittrigen die Papiere. Dieses Schwanken zwischen Bargeld und Papieren stellt den ewigen Kreislauf der Börsen dar. Ich könnte auch sagen, daß auf dem Höhepunkt die Hartgesottenen das Geld und die Zittrigen die Hoffnung haben.

Welche Schlußfolgerung kann man aus dieser Analyse ziehen?

Ohne Einschränkung bin ich der festen Überzeugung, daß der Kursrückgang bei kleinem Umsatz ein schlechtes Zeichen ist, weil er einen weiteren Rückgang signalisiert. Kursrückgang bei großem Umsatz ist gut, und je größer der Umsatz, desto besser, weil die Papiere in großen Mengen in die starken Hände gehen. Steigende Kurse bei großen Umsätzen sind ein schlechtes Zeichen, weil schwache Hände die Papiere kaufen. Je größer der Umsatz, desto negativer für den Markt, denn je mehr Zittrige daran teilnehmen, um so schlechter. Je kleiner die Umsätze bei steigenden Kursen, um so besser; denn die Kurse verschieben sich zwar, aber die großen Quantitäten sind aus den Depots der Hartgesottenen noch nicht herausgekommen. Ich weiß, daß die meisten Profis, Analytiker, Broker usw., der Tendenz mit kleinen Umsätzen keine Bedeutung beimessen. Meiner Ansicht nach ist das ganz falsch. Die kleinen Umsätze sind nur das Hors d'œuvre, die Einleitung, und wenn die großen Umsätze kommen, dann entwickelt sich die richtige Bewegung, die logischerweise kommen wird. Bei steigenden Preisen kommt dann mit den hohen Umsätzen die Euphorie, bei fallenden Preisen erst das Abbröckeln und dann der totale Ausverkauf. Das ist logisch, denn die vielen Käufer bei rasch steigenden Preisen werden genauso plötzlich Verkäufer, wenn der Markt aus irgendwelchen Gründen umkippt. Da die heutigen Käufer die Verkäufer von übermorgen sein werden, ist es wichtiger, die Qualität der Käufer von heute zu analysieren als die Qualität der Papiere. Und genau umgekehrt: Die Qualität der Verkäufer ist wichtiger als die Qualität der verkauften Werte. Auch die besten Papiere können fallen, wenn die Aktienbesitzer von schlechter Qualität sind.

Ist das die allgemeine Meinung?

Nein! Genau das Gegenteil wird geglaubt. Die meisten Makler, Banken und Medien behaupten, daß steigende Preise bei hohen Umsätzen günstig sind. Ein Beweis für sie ist, daß das große Publikum kauft. Ich stelle aber die Frage: Ist das gut? Nein, wie ich soeben erklärt habe, denn dasselbe Publikum, das heute so heftig kauft, wird zu einem späteren Zeitpunkt genauso heftig verkaufen. Und das breite Publikum hat am Ende sehr selten recht.

Was halten die Broker von Ihrer Analyse?

Ich weiß nicht, aber höchstwahrscheinlich meinen sie, daß ich spinne. Natürlich ist es für die Broker günstig, wenn die steigenden Preise immer mehr neue Kunden anlocken. Das ist gut für sie und vorübergehend auch für mich, denn diese vielen Käufe ziehen meine Kurse in die Höhe. Aber das bedeutet nicht, daß ich sie zu diesen hohen Preisen weiter kaufen soll, denn ich habe sie ja schon bei niedrigen Preisen gekauft. Die hohen Preise bei steigenden Umsätzen freuen mich auch, wenn ich verkaufen will. Die hohen Kurse sind durch die vielen Käufe des breiten Publikums entstanden. Das große Interesse von heute bedeutet nichts, denn die psychologische Einstellung des Publikums kann sich – wie schon gesagt – in einer Sekunde ändern.

Ich hatte einmal folgendes Gespräch mit einem New Yorker Broker, als ich mich nach dem Verhalten des Marktes erkundigte: »Kolossal«, sagte er, »wir haben heute 180 Millionen Umsatz.« – »Ich frage nicht nach dem Umsatz, sondern wie die Kurse sind.« – »Ach so«, war seine Antwort, »die Kurse sind im großen und ganzen unverändert.« – »Der Umsatz ist eure Angelegenheit«, erwiderte ich verärgert. »Mir wären höhere Kurse bei kleinem Umsatz lieber. Das wäre für mich ›kolossal‹!« Ich weiß schon lange, daß ich mit den meisten Brokern nicht auf derselben Wellenlänge Gedanken austauschen kann.

Gibt es weitere Symptome dafür, ob der Markt »übergekauft« oder »überverkauft« ist?

Ja! Wenn der Markt nach einer langen Aufwärtsbewegung stagniert, auf neue Käufer wartet und auf eine gute Nachricht nicht mehr reagiert, eventuell sogar etwas zurückgeht, ist das ein sehr schlechtes Zeichen. Der Markt ist übersättigt. Die Zittrigen haben ihr ganzes oder sogar geliehenes Geld angelegt, und neue Käufer melden sich nicht trotz der guten Nachricht. Wenn umgekehrt der Markt nach einer Abwärtsbewegung stagniert und auf schlechte Nachrichten nicht mehr reagiert und sogar etwas ansteigt, ist das ein sehr gutes Zeichen. Die Papiere sind in großen Mengen bei den Hartgesottenen, die die eventuell schlechten Nachrichten schon ins Kalkül gezogen haben, nicht mehr erschrecken oder jedenfalls nicht überrascht sind.

Wie soll sich also der Spekulant in solchen Fällen verhalten?

Wenn die Börse auf gute Nachrichten nicht mehr reagiert, herausgehen, und wenn schlechte Nachrichten keine Wirkung mehr haben, hereingehen.

Ein besonders schlechtes Vorzeichen für den Markt ist, wenn immer mehr, besonders kleine Leute nach Tips jagen, wenn sich das Tagesgespräch um die Börse dreht. Man jongliert mit den Namen der Aktien, jeder hat von seinem Freund irgendeinen Tip erhalten, den dieser wiederum von seinem besten Freund bekam. Jeder kauft mit dem maximalen Kredit, den er erhalten kann. Ein schlechtes Zeichen ist auch, wenn man als Erklärung für die gute Börse Auslandskäufe zitiert. Ich kenne diese alten Zauberformeln: »Auslandskäufe« oder »ausländische Institutionen kaufen«.

Ist denn das nicht günstig?

In dem Moment, in dem die Leute kaufen, ist es natürlich günstig, weil sie die Kurse antreiben. Aber genauso ungünstig wird es sein, wenn sie die Papiere wieder verkaufen. Denn nach dem Phänomen »Flaschenhalsenge« beim Kauf folgt auch »Flaschenhalsenge« beim Verkauf. Alles hängt davon ab, welche Qualität, welche Tugenden und Fehler die ausländischen Käufer besitzen. Unter ihnen gibt es genauso Hartgesottene und Zittrige, manchmal sogar noch mehr Zittrige, denn ihre Motivationen, auch bei den ausländischen Instituten, sind kurzfristiger als die der inländischen Anleger. Die meisten ausländischen Spekulanten wollen, sogar wenn es sich um Investmentfonds handelt, einen kurzfristigen Schnitt machen. Sie springen in den Markt, wenn sie eine kleine Chance wittern und von dem Geldmanager des anderen Landes dazu gedrängt werden, wollen aber genauso schnell wieder herausspringen, wenn sie eine Gefahr sehen oder schon Gewinne machen. Alle wollen sie immer zu gleicher Zeit kaufen oder verkaufen. Dieses Phänomen konnte man an den deutschen Börsen in der jüngsten Zeit sehr klar feststellen.

Wie steht es überhaupt mit den Institutionen, den großen Investmentgesellschaften, Pensionskassen (speziell in den USA), Versicherungen usw.?
Hat sich die Börsenlandschaft dadurch nicht entscheidend geändert, daß diese den Markt beherrschen und nicht die großen Profitspekulanten, kurzfristigen Tagesspieler, kleinen und großen Sparer usw.?

Die Landschaft hat sich zwar geändert, aber alles andere in der Landschaft, die Bäume, die Vegetation, die Blumen oder Brennesseln usw. bleiben dieselben. Die Institutionen, große Kapitalkonzentrationen, werden auch vom Menschen geleitet. Diese Geldmanager sind auch Menschen wie die kleinen Sparer und großen Spekulanten. Sie haben dieselben Reaktionen und gehören auch zu den beiden Kategorien der Zittrigen und Hartgesottenen. Ihre psychologische Einstellung ist genau dieselbe und unberechenbar wie die der anderen Millionen Marktteilnehmer, die noch vor vielen Jahren das Börsenpublikum bildeten. Der Unterschied liegt nur darin, daß die ersteren mit Milliarden herumfuchteln und die Kleineren mit kleinen Beträgen operieren. Die Geldmanager sind vielleicht oft noch zittriger, da sie gegenüber ihren Chefs die Verantwortung für ihre Transaktionen tragen und ihren Kopf riskieren. Denn wenn sie größere Verluste einstecken müssen, werden sie ganz einfach gefeuert. Der kleine Mann ist nur gegenüber sich selbst verantwortlich.

Soll man Papiere auf Kredit kaufen?

Nur derjenige darf Papiere auf Kredit kaufen, der über noch andere, viel größere Vermögensposten verfügt als der Betrag, den er schuldet. Ich bin fast geneigt zu sagen, daß man Aktien unter keinen Umständen auf Kredit kaufen soll, es sei denn, man wäre ein waghalsiger Hasardeur. Natürlich ist es auch eine Frage der Proportion und der Qualität der Papiere; wenn man für 100000 DM festverzinsliche Wertpapiere kauft und darauf 20000 DM schuldig bleibt, ist das keine Katastrophe. Oder wenn einer bei einem Wert von 300000 DM Wertpapieren 200000 DM schuldig bleibt, aber zur gleichen Zeit über eine Million in Immobilien verfügt, ist dies keine Sünde. Aber jeder Fall muß einzeln geprüft werden.

Um zu beweisen, wie gefährlich, schädlich und sogar dramatisch es sein kann, Papiere auf Kredit zu kaufen, und welche Stärke es dem Spekulanten dagegen gibt, keine

Schulden zu haben, möchte ich von meinen vielen Erfahrungen nur zwei besonders markante Fälle zitieren.

Mitte der fünfziger Jahre war an der New Yorker Börse eine günstige Börsenentwicklung, und die neuen revolutionären Industrien wie Elektronikunternehmen schienen besonders phantasiereich und zukunftsträchtig. Ich kaufte also mit meinen letzten Dollars Elektronik- und verwandte Aktien, und als ich schon alles investiert hatte, kaufte ich noch weiter auf Schulden. Meine Kreditmöglichkeiten nutzte ich maximal aus.

Der amerikanische Präsident hieß Dwight D. Eisenhower, der zwar Kriegsheld, aber ansonsten kein Genie war. Sein Image in den Augen der amerikanischen Bevölkerung war makellos (obwohl viel gemunkelt wurde, daß er mit Marlene Dietrich ein Liebesverhältnis habe). Das Vertrauen des amerikanischen Volkes zu seinem Präsidenten ist eines der wichtigsten Elemente für eine günstige Atmosphäre in Wall Street. Wir standen ca. ein Jahr vor den nächsten Präsidentenwahlen, und man nahm mit 100prozentiger Sicherheit an, daß General Eisenhower wiedergewählt werden würde. Ganz Wall Street baute darauf. Warum sollte man seine triumphale Wiederwahl auch an der Börse nicht vorwegnehmen. Alle waren dieser Meinung und ich auch.

Und da geschah das so gefährliche Unerwartete: 1955 erlitt Präsident Eisenhower eine Herzattacke. Am nächsten Tag fielen an der New Yorker Börse alle Aktien spektakulär um 10 bis 20 Prozent in die Tiefe. Da ich auf meinen Papieren Schulden hatte, mußte ich schnell einen großen Teil der Aktien abstoßen. Dies war sehr schmerzhaft, aber ein »Muß«, bevor die Broker noch weitere Garantien gefordert hätten.

Der Krach kam, weil das Publikum die Hoffnung aufgegeben hatte, daß Eisenhower wiedergewählt werden könnte. Wie ohne Eisenhower die Wahlen ausfallen würden, war eine große Frage, und Fragezeichen sind an der Börse immer ein störendes Element. Weder das Publikum noch die zittrigen Spieler haben genug Nerven, um bei einem unerwarteten Ereignis den Problemen fest ins Auge zu schauen, auch für den Fall, daß es ein gutes Ereignis ist. Abgesehen davon können die meisten gar nicht beurteilen, was für die Börse gut oder schlecht ist.

In einem solchen Fall wollen alle Zittrigen, aber auch alle, die auf ihren Depots Schulden haben, so schnell wie möglich verkaufen – die letzteren sind sogar dazu gezwungen. Der Krach der ersten Stunde kann dann eine Kettenreaktion nach unten auslösen.

Nach einigen Tagen besserte sich der Gesundheitszustand Eisenhowers. Die Hoffnung kam wieder auf, daß er für eine Wiederwahl kandidieren könnte, die Börse beruhigte sich, und auch die Kurse fingen wieder an zu steigen und stiegen noch viel höher, als sie vor dem unglücklichen Ereignis gestanden hatten. In den kommenden Jahren erreichten die Kurse spektakuläre Gewinne, manchmal sogar das Zehnfache, aber für mich leider zu spät.

Und so kommen mir, wie immer in solchen Fällen – nachdem man ausverkaufen mußte und die Kurse dann steigen –, die poetischen Zeilen Heinrich Heines in den Sinn: »... es ist eine alte Geschichte und bleibt doch immer neu, wem es just passierte, dem bricht das Herz entzwei.«

Wie wäre Ihre Reaktion gewesen, wenn Sie keine Schulden gehabt hätten?

Genauso, wie ich mich einige Jahre später verhielt im Zusammenhang mit einer anderen unerwarteten Nachricht.

Es war der Februar 1962. Ich war wieder einmal vollgestopft, diesmal mit französischen Aktien an der Pariser Börse. Aber diesmal war alles voll bezahlt, ich schuldete nicht einen Knopf. Es war während des französischen Krieges in Algerien. General de Gaulle, der damalige Präsident von Frankreich, wollte eigentlich Algerien loswerden, mußte aber in seiner Politik hin und her lavieren wegen der öffentlichen Meinung, die in der Algerienfrage sehr gespalten war. Und da geschah wieder das große Unerwartete (ich nenne es das große I – für Imponderabilien): der Aufstand von vier französischen Generälen in Algier gegen die Regierung, das heißt gegen General de Gaulle. Es war ein für das französische Publikum erschütterndes Ereignis, vielleicht das größte Ereignis in Frankreich seit dem Ende des Krieges. Die Generäle fürchteten de Gaulles Absicht, Algier zu befreien, was sie unter keinen Umständen akzeptieren wollten. Am Abend herrschte in Paris eine ausgesprochene Panikstimmung.

Den nächsten Tag ging ich nicht zur Börse, ich wollte meine Nerven schonen und nicht zusehen, wie meine Papiere in die Tiefe purzeln könnten.

Anstatt zur Börse ging ich in mein Lieblingsrestaurant »Chez Louis« (ein international bekanntes tschechisches Beisl), damals Treffpunkt von bekannten Film-, Fernseh- und Presseleuten, und studierte dort die Speisekarte, ohne an die Börse zu denken.

Da kam zufällig ein Börsenkollege ins Lokal und berichtete mir mit Entsetzen, was für ein Krach – ein wahrhaftiges Blutbad – an der Börse stattgefunden hatte, genauso, wie es manchmal in Börsenromanen beschrieben wird.

»Sooo?« war meine Antwort, und ich genoß in aller Ruhe meinen Lunch.

Ich war ja überzeugt davon, daß de Gaulle bei diesem Machtkampf als Sieger hervorgehen würde.

Für mich war es also, was die Börse anbelangte, nur ein Tageserreignis, das mit der Zeit bald in Vergessenheit geraten würde. Wäre ich zur Börse gegangen, so hätte ich mich mit Sicherheit ausverkauft. Den Luxus, an einem solchen Tag nicht zur Börse zu gehen, konnte ich mir gerade dadurch erlauben, weil ich keine Schulden hatte. Diese bösen Börsenstunden habe ich also in einem guten Restaurant verbracht. Eine Stunde nach Börsenschluß erfuhr ich dann, daß die Börse sich gedreht hatte und daß man die Hälfte der Kursverluste schon wieder aufgeholt hatte.

Abends hielt de Gaulle dann wieder eine seiner berühmten Fernsehansprachen. Er appellierte an sein geliebtes Frankreich (»Ma chère vieille France«), und in diesem Augenblick stand das ganze französische Volk hinter ihm. Das »Quarteron« (ein Wort, von General de Gaulle geprägt aus dem Satz »quatre generaux felons«), also die vier untreuen Generäle, gaben auf, und alles war vergessen – nicht nur in der politischen Situation, sondern auch an der Börse. Der Krach stellte sich als eine Eintagsfliege heraus, und dank meiner sicheren Position, ein unbelastetes Wertpapierdepot zu besitzen, war ich gegenüber der Panikstimmung immun geblieben.

Hätte ich Schulden gehabt, wäre meine ganze Logik pervertiert gewesen; denn mein Kopf hätte wegen der Angst aufgrund der Schulden anders reagiert. Anstatt mir in aller Ruhe auszudenken, wie wohl die Reaktionen de Gaulles und des ganzen französischen Volkes sein würden, hätte ich mich trotz meiner Prinzipien von der Panik mitreißen lassen, und der Schaden wäre groß gewesen.

Deshalb mein Postulat: Ich ziehe vor, ein kleineres Quantum an bezahlten Aktien einer hochverschuldeten Gesellschaft zu besitzen als ein großes Quantum an erstklassigen

Papieren eines angesehenen Unternehmens – aber auf Schulden gekauft. Mit einem kleinen Quantum an vollbezahlten Papieren kann man die Aufwährtsbewegung lange abwarten, während man mit großen Quantitäten auf Kredit gekaufter Papiere schon bei kleinen Gewinnen geneigt ist zu verkaufen.

Einer meiner Kollegen und ich kauften einmal aufgrund einer gemeinsamen Idee dasselbe Papier, ich einhundert vollbezahlt, er eintausend auf Kredit. Ich blieb zwei Jahre lang ruhig auf dem Papier sitzen und konnte einen Kursgewinn von 200 Prozent einstecken. Mein Kollege begnügte sich schnell mit einem kleinen Gewinn, da er ja wegen seiner Schulden sehr vorsichtig sein mußte.

Aber ohne Risiko kann man doch an der Börse keine Profite machen?

Das stimmt, aber wenn man auf eine festere Tendenz der Börse – statt erstklassige Aktien auf Kredit – spekuliert (Liquidität + Psychologie + Wirtschaft), soll man Aktien der stark verschuldeten Unternehmen kaufen, die durch eine schlechte Wirtschaftslage und vorherige hohe Zinsen in eine kritische Lage geraten sind, und diese Papiere aber voll bezahlen. An zweiter Stelle sollte man noch eher Optionen kaufen, aber immer mit dem Gedanken, daß das ganze Geld, das man in die Optionen steckt, total verlorengehen könnte.

Blieben Ihnen manchmal trotz Schulden auch gute Erfahrungen?

Zu dem Thema hätte ich auch eine lehrreiche kleine Geschichte zu erzählen: Ich schrieb an anderer Stelle, daß ich nach dem Zweiten Weltkrieg und der großen deutschen Schuldenregelung einen spektakulären Gewinn mit der

Aufwärtsbewegung der deutschen Auslandsanleihen gemacht habe.

Mein ganzes Geld war in dieser Spekulation investiert, und ich habe darauf noch die maximalen Kredite in Anspruch genommen, die ich mir bei Schweizer Banken besorgen konnte (weder in den USA noch in der BRD hätte man auf diese Anleihen Kredite eingeräumt).

Da die ganze Spekulation auf Deutschlands Zukunft basierte, war sie – ganz klar – mit Adenauers persönlichem Image verbunden. Er wollte unbedingt – koste es, was es wolle – das Abkommen durch den Bundestag ratifizieren. Die SPD bot einen großen Widerstand, aber man konnte es als sicher betrachten, daß Adenauer seinen Plan, die Anerkennung des Londoner Abkommens, durchboxen würde. Adenauers Person spielte in dieser Spekulation die größte Rolle, und so war auch damit eine gewisse Gefahr verbunden.

In einer so sensiblen, total politisierten Angelegenheit können Imponderabilien einen Strich durch die Rechnung machen: eine unerwartete Mitteilung über Adenauers Gesundheitszustand, geschweige denn eine Gefahr für sein Leben.

Ich mußte damals auf einige Zeit nach Amerika und war sehr besorgt um meine deutschen Anleihen, die mit schweren Schulden belastet waren. Was alles könnte mit meinen deutschen Anleihen geschehen, wenn man eines Morgens eine dramatische – vielleicht sogar eine fatale Nachricht über Adenauer melden würde? Wahrscheinlich ein Krach in allen diesen Papieren. In einem solchen Fall hätte ich sofort meinen ganzen Bestand liquidieren müssen, und zwar hauptsächlich wegen der Schulden! Morgens aber, wenn man in Europa Nachrichten hört, ist es in New York noch tiefe Nacht, und die Stunde, in der man die entscheidende Nachricht erfahren kann, ist vielleicht schon zu spät.

Meine Absicht war also, den Banken einen Auftrag zu hinterlassen, daß in dem Falle einer derartigen Nachricht mein ganzes deutsches Depot verkauft werden solle.

Keine der Banken war aber bereit, einen Auftrag dieser Art anzunehmen, mit der Begründung, daß sie die Verantwortung nicht übernehmen wollten abzumessen, inwieweit Adenauers Gesundheit gefährdet sei.

Verkaufen wollte ich nicht. Zitternd flog ich nach Amerika und vereinbarte mit den Banken, mich im Falle einer negativen Nachricht (die hoffentlich nicht eintreffen würde) jedenfalls – egal zu welcher Stunde – wenigstens anzurufen.

Glücklicherweise geschah Adenauer während meiner Abwesenheit nichts Böses, und so konnte ich die Aufwärtsbewegung zwar mit einer gewissen Angst, aber bis zum Ende mitmachen und davon profitieren. Das Zittern konnte ich jedoch nicht vermeiden; denn ich war zwar sicher, daß die deutschen Anleihen auch ohne Adenauer bis zum letzten Pfennig bezahlt würden, aber die Schulden auf mein Depot, diese gefährlichen Schulden, verursachten mir eine permanente Angst.

Und wie war der Erfolg dieser Spekulation mit großen Schulden?

Zu meinem Glück ganz rasant! Es hätte jedoch auch schiefgehen können, wenn zum Beispiel – ohne Adenauers Gesundheit in Betracht zu ziehen – noch eine andere schlechte Nachricht eingetroffen wäre: Vor der Ratifizierung des Abkommens waren in der BRD Bundestagswahlen. Bei einem Gewinn der Sozialisten hätten diese voraussichtlich mit der Anerkennung des Abkommens Schwierigkeiten gemacht, und das hätte für mein Depot vorübergehend fatal sein können.

Was ist bei einer Kapitalanlage in Wertpapieren wichtiger: die Taktik oder die Strategie?

Wenn man eine Kapitalanlage in Wertpapieren auf lange Sicht plant, ist die taktische Entscheidung, ob man sie heute oder in einer Woche kaufen will, unwesentlich. Denn eine kleine Kursschwankung spielt dabei sowieso keine große Rolle. Viel wichtiger ist die Strategie: die Auswahl der Papiere und die mittel- oder langfristige Überlegung.

Soll man in einer Rezession Aktien kaufen?

Ja, denn bei einer Rezession wird die Regierung die Wirtschaft ankurbeln, Zinsen ermäßigen, die Geldmenge erhöhen, und davon profitiert in erster Linie die Börse – noch früher als die Wirtschaft. Denn das Geld ist der Sauerstoff der Börse.

Können die Kurse trotz einer allgemeinen Steuererhöhung steigen?

Ja. Ungefähr aus denselben Gründen wie bei einer Rezession. Denn wenn die Regierung die Steuern erhöht, kann sie auf dem Geldmarkt liberaler handeln, und das kann auf die Börse nur günstig einwirken.

Soll man eine Aktie kaufen, wenn sie von den größten und bekanntesten Firmen aggressiv empfohlen wird?

Nein! Die größte Vorsicht ist angebracht. Eine Finanzgruppe will das Papier loswerden und läßt es durch die Banken oder die Maklerfirmen in Börsenbriefen und Medien, mit denen sie in Verbindung steht, empfehlen. Es ist eine Promotion, die mit Mundpropaganda unterstützt wird.

Welche Beachtung soll man den Transaktionen der Geldmanager großer Institutionen schenken?

Gar keine. Diese handeln zwar mit so großen Mengen, daß sie die Kursentwicklung beeinflussen können, aber nur auf kurze Sicht. Wenn eine Institution von einem Papier eine besonders große Menge kauft oder verkauft, wird dies vielleicht für einige Tage den Kurs in die Höhe oder Tiefe bringen, aber – wie gesagt – auf lange Sicht spielt das keine Rolle.

Welche Bedeutung soll man den Empfehlungen der Experten auf lange Sicht hin beimessen?

Gar keine. Denn die Fachleute einer Branche oder eines Unternehmens kennen die Anatomie der Börse überhaupt nicht. Sie kennen die Situation eines bestimmten Unternehmens an dem Tage, an dem sie es geprüft haben oder aus der Vergangenheit. Was gestern gültig war, ist heute vielleicht ohne Berechtigung. An der Börse muß man ständig improvisieren.

Was soll man von den Empfehlungen eines Insiders über die Aktien seiner eigenen Gesellschaft halten? Dieser müßte ja doch kompetent sein.

Gar nichts. Die Insider kennen zwar ihre eigene Gesellschaft (und das ist auch nicht sicher) und die Produkte, die Entwicklungen, die Potenz. Aber der gesamte Kapitalmarkt und die weitere Entwicklung des Kapitalmarktes haben damit nicht viel zu tun. Auch sind diese Informationen nicht immer aufrichtig. Nach meiner Erfahrung müßte man fast immer genau das Gegenteil von dem machen, was ein Insider empfiehlt. Oft sind die Informationen willkürlich falsch, um das Publikum irrezuführen: Die Insider, das Mehrheitssyndikat wollen vielleicht ihre Beteiligung vergrößern und die Aktien aufkaufen. Sie verbreiten daher schlechte Nachrichten, damit der Kurs fällt, oder sie deuten im Gegenteil durch Mundpropaganda gute Ereignisse an, damit sie ihre eigenen Aktien bei höheren Kursen abladen können. Sie wollen dann eben ihre Beteiligung an den Unternehmen vermindern.

Das wäre doch Betrug?

Vielleicht. Aber es ist schwer zu beweisen; denn jeder hat ja das Recht zu behaupten, daß seine Meinung positiv oder negativ war, ohne etwas Exaktes über die Sache gewußt zu haben.

Was soll man von den Meinungen der Wirtschaftsexperten und Wirtschaftswissenschaftler über die weitere Entwicklung halten?

Auch nicht viel. Auch der beste Wirtschaftswissenschaftler kann die Börsentendenz nicht richtig analysieren. Börse und Wirtschaft laufen ja – wie vorher schon gesagt – nicht parallel. Wenn die Meinung der Wirtschaftsprofessoren für die Börsenanalyse kompetent wäre, müßten sie ja alle reiche Männer sein; das sind sie aber nicht. Volkswirte wissen alles über die Wirtschaft und das Geld, sie haben es aber nicht. Schon Voltaire sagte: »Es ist leichter, über das Geld zu schreiben, als Geld zu machen.« Wirtschaft und Börse sind zwei verschiedene Sachen. Wirtschaftsboom ist für die Börse ungünstig und Wirtschaftsstagnation für die Kursentwicklung günstig, wie ich schon an dem Beispiel der zwei Wannen erklärt habe.

Ist das immer so?

Vielleicht nicht immer, aber meistens. Wirtschaft und Börse stehen letzten Endes in einer gewissen Verbindung, aber – wie gesagt – nicht parallel, sondern zeitlich verschoben. Meistens ist die Börsentendenz ein Vorläufer der kommenden Wirtschaftsentwicklung. Aber nach einem Wirtschaftsboom, nach der Abkühlung und bei einer größeren Liquidität kann dank dieser Abkühlung der Börsenboom kommen, um so mehr, als nicht nur mehr Geld, sondern auch größere Gewinne zu erwarten sind.

Sind also die Prognosen der Volkswirte immer falsch?

Vielleicht. Sie können sich manchmal auch durch Zufall bestätigen. Aber überzeugend sind sie nicht. Ich möchte ein interessantes Beispiel zitieren: Im Frühjahr 1962 gab es einen besonders heftigen Kurssturz in Wall Street und an allen Börsen der Welt, der von keinem Wirtschaftsexperten vorhergesehen worden war. Es war so arg, daß man, wenn man Verkaufsaufträge gegeben hatte, zum Beispiel von den Schweizer Börsen tagelang überhaupt keine Antwort bekam (obwohl die Schweizer Börsen einen relativ großen Umsatz haben). Einige Monate später, als sich die Kurse auf dem tiefen Niveau etwas beruhigt hatten, organisierte die *New York Harold Tribune* (heute: International Harold Tribune) eine Round-table-Konferenz mit den besten Wirtschaftsexperten. Sie debattierten hin und her, einige waren sehr pessimistisch, andere etwas optimistischer. Bevor sie auseinandergingen, stellte der Moderator lächelnd die Frage: »Was halten Sie, meine Herren, von einem *Dow-Jones-Index* von soundsoviel zum Jahresende?« (Der Index war an diesem Tage 200 bis 300 Punkte niediger.) Im Chorus antworteten alle: »Are you kidding (Machen Sie Witze?)« Und was geschah? Nicht zum Jahresende, aber etwa vierzehn Tage später stand der Dow Jones auf diesem hohen Kurs.

Können Sie noch ein ähnliches Beispiel anführen?

Ein anderes krasses Beispiel soll ein Artikel in dem bedeutendsten amerikanischen Wirtschaftsmagazin *Business Week* (Heft August 1979) sein. *Business Week* behauptete, daß Aktien als Anlage endgültig tot seien. »Niemand will mehr Finanzwerte besitzen«, meinte das Magazin, »nur harte, greifbare Anlagemedien wie Gold und Silber oder Sachwerte verschiedenster Art, Orientteppiche, chinesisches Porzellan, Gold- und Silbergegenstände und eventuell auch Immobilien, die man auch streicheln kann.« Diese Behauptung war einfach lächerlich. Am selben Tag wurden in Wall Street allein über 50 Millionen gehandelt plus die Milliardenbeträge der Anleihen, abgesehen von allen anderen Weltbörsen wie London, Tokio usw. Wer hat dieses Riesenquantum an Wertpapieren gekauft? Denn es wurden genauso viele Aktien und Anleihen gekauft wie verkauft. Die Antwort ist ganz einfach: Die Optimisten haben gekauft und die Pessimisten verkauft oder anders gesagt: Die Zittrigen haben verkauft und die Hartgesottenen gekauft. Interessanterweise waren die Papiere an diesem Tage auf dem tiefsten Stand (und die Zinsen am höchsten): Dow Jones stand bei ca. 800. Zuerst kam eine sanfte und dann eine ständig zunehmende Besserung, nicht nur in Wall Street, sondern an allen Börsen der Welt. Welch ein Unsinn also zu behaupten, »niemand« sei willens zu kaufen. Wer waren also die Käufer? Wie darf überhaupt ein seriöses Wirtschaftsmagazin Teppiche, Töpfe, Briefbeschwerer, alte Waffen, Kaffeemühlen und ähnliche Sammelobjekte als Anlageobjekte anführen?

Haben denn nicht viele mit ihren Sammelobjekten eine gute Anlage gemacht?

Doch. Aber das sind Einzelfälle. Ein Privatmann kann sich darüber freuen, daß seine Bilder, sein Porzellan oder

Silber und andere Werte um soundso viel gestiegen sind. Ich selber befinde mich in einer ähnlichen Lage. Aber das ist rein theoretisch; denn erstens gibt es immer Komplikationen und Schwierigkeiten, wenn man verkaufen will, zweitens verkauft ein echter Sammler seine Sammelobjekte sowieso nicht, ganz egal, wie hoch sie geschätzt werden. Der Sammler wird eher verhungern, bevor er sich von seinen Schätzen trennt. Die Erben werden sie natürlich veräußern, aber sie sind dem Käufer quasi ausgeliefert, weil sie die Werte selber nicht genau kennen. Natürlich gibt es Einzelfälle, wo auch der Sammler unter Druck gerät und – unter großen Schmerzen – verkaufen muß. Vor einigen Jahren mußte der bekannte Großverdiener und Bestsellerautor Roger Peyrefitte seine Erotikasammlung versteigern, sonst wäre er in Konkurs geraten. Aus Liebe zu einem jungen Mann hat er sich in Millionenausgaben gestürzt und mußte die Objekte und Bücher, die von großer Seltenheit waren, auf mehreren Auktionen versteigern.

Aber so etwas darf man nicht einmal erwähnen, wenn man allgemein über Anlagen spricht. Wenn man Anlagen analysiert, so bezieht sich das auf Milliarden und Abermilliarden. Wie soll man diese in marginalen Werten anlegen, und Sammelobjekte sind marginale Werte? Der Vergleich zwischen Aktien und Kunstwerken als Anlagen ist ganz unseriös. Das eine hat mit dem anderen nichts zu tun – abgesehen davon, daß auch die Preise der Kunstwerke viel größeren und überraschenden Schwankungen ausgesetzt sind als diese Aktien und von ganz unkontrollierbaren Einflußfaktoren abhängen.

Unter den greifbaren Anlagen könnte man auch Gold und Silber einordnen, aber das ist wieder ein anderes Kapitel, auf das ich noch zurückkommen werde.

Wie soll man den Einfluß der nationalen Politik auf die Börse einschätzen?

Man muß sich ihrer großen Bedeutung speziell in Europa bewußt sein. Denn in Europa ist der Unterschied in der Wirtschafts- und Kreditpolitik zwischen einer konservativen und einer linksorientierten Regierung größer als in Amerika. Die politischen Strömungen rechts und links beeinflussen die Psychologie und die Zukunft der Anleger und der Unternehmer. Aber auch da kann man nicht den Regeln trauen, denn die psychologische Reaktion ist, wie schon gesagt, unberechenbar. Besonders wichtig ist, ob die Regierung, die eine Inflationswelle oder Deflation bekämpfen will, mit fiskalischen oder monetären Waffen vorgehen will. Die jeweilige Entscheidung beruht auf der ideologischen Einstellung des neuen Parlamentes.

In Amerika haben die Wahlen nicht dieselbe Bedeutung für die Börse. Dort wird auch alle vier Jahre gewählt, aber für die Unternehmer bleibt es fast gleich, welche Partei an die Macht kommt – die demokratische oder die republikanische, denn beide stehen fest auf dem Boden des freien Kapitalismus. Eine viel größere Bedeutung aber hätte die Persönlichkeit des gewählten Präsidenten, ganz gleich, welcher Partei er angehört. Roosevelt und Truman waren Demokraten und hatten das Vertrauen des amerikanischen Volkes wie heute der Republikaner Reagan. Carter dagegen als Demokrat und Nixon und Ford als Republikaner genossen nicht im selben Maß das Vertrauen ihrer Mitbürger, und deswegen waren sie auch erfolglose Präsidenten.

Für Europa ist es ein Jammer, daß man alle vier oder fünf Jahre wählt und jedesmal zittern muß, wie die Wahlen ausfallen.

Wie groß ist der Einfluß der internationalen Politik auf die Börse?

Ganz gewaltig. Die Weltlage – Spannung oder Entspannung – beeinflußt die Psychologie des Publikums. Die Entwicklung der internationalen Lage beeinflußt ganze Branchen (Friedens- und Kriegsindustrie), internationale Zahlungsbilanzen, Handelsverträge, politische Kredite usw.

Wo liegt der Unterschied zwischen Spekulation und Anlage?

Es gibt keine feststehende Grenze zwischen Spekulation und Anlage. Eine gute Anlage ist eine gelungene Spekulation, und eine Verlustspekulation ist eine schlechte Anlage. Ob Spekulation oder Anlage, hängt nicht von der Qualität der Papiere ab, sondern vom relativen Quantum. Ein sogenanntes hochspekulatives Papier, eine Ölquelle oder Goldmine, die noch nicht erschlossen, aber vielversprechend sind, wird bei einem großen Anleger, der darin nur einen kleinen Betrag investiert, als eine Anlage mit kalkuliertem Risiko gelten. Dagegen ist es eine halsbrecherische Spekulation, wenn sich zum Beispiel ein kleiner Sparer mit hoher Verschuldung mündelsichere Anleihen kauft.

Sollte man ein Papier auf kurze Sicht kaufen, auch wenn man auf lange Sicht davon eine schlechte Meinung hat oder darin sogar eine Gefahr sieht?

Nein, unter keinen Umständen! Man setzt sich nicht einmal fünf Kilometer in ein Auto, wenn man damit rechnet, daß es mit diesem Wagen nach 50 Kilometern zu einem schweren Unfall kommen könnte.

Wenn man glaubt, daß die außen- oder innenpolitische Entwicklung für die Börse ungünstig werden könnte –

aber erst nach einer gewissen Zeit, weil der Wahltermin noch in weiter Ferne liegt –, so muß man diese Gefahr einkalkulieren und die Gefahr nicht übersehen mit der Begründung, es sei ja noch viel Zeit. Ich erinnere mich noch ganz genau an eine persönliche Erfahrung aus den dreißiger Jahren.

In den dreißiger Jahren hatte ich an der Pariser Börse aus gewissen Gründen ein Baisse-Engagement; die Gründe waren teils wirtschaftlicher, teils politischer Natur. Die Börse aber stieg und stieg aus technischen Gründen und weil die Syndikate sie in die Höhe manipuliert hatten. Dann kamen Wahlen in Deutschland, und zum erstenmal errang Hitler, das heißt die Nationalsozialistische Partei, einen relativ größeren Sieg. 67 Naziabgeordnete in braunen Uniformen und mit Hakenkreuzarmbinden marschierten in den Reichstag ein. Für viele war dies ein entsetzliches Ereignis und eigentlich auch eine Überraschung.

Die Pariser Börse nahm aber davon keine Notiz, obwohl es für die zukünftige Entwicklung ein Memento war, und stieg lustig weiter. Umsonst wiederholte ich vor meinen Börsenkollegen, welcher Unsinn diese Aufwärtsbewegung sei: Im Nachbarland und beim Erzfeind von Frankreich gewinne eine Partei an Macht, die den Frieden bedrohe. »Was geht es uns an«, sagten meine Kollegen, »was in Deutschland passiert; hier sind wir in Frankreich!«

Ich war bestürzt über diese dumme Reaktion und erzählte ihnen von einer Filmburleske, die ich ein paar Tage zuvor gesehen hatte: »Buster Keaton spielt Klavier in einem kleinen Haus in einer öden Landschaft. Er spielt und blickt träumerisch an die Decke. Auf einmal kommt ein Bösewicht und zündet das Haus an. Das Gebäude brennt lichterloh, und die Flammen zerstören sämtliche Wände. Buster spielt so verträumt weiter, daß er nichts sieht. Und als die Mauern schon vollkommen niedergebrannt sind, spielt er noch immer, bis zu den letzten Akkorden des Musikstückes. Dann schaut er um sich, bemerkt mit Entsetzen, daß das Haus nicht mehr steht, und läuft in panischem Schrecken davon. So wird es euch auch gehen, wenn ihr bemerkt, daß das Haus brennt.«

Und was geschah dann tatsächlich?

Wie ich es gesagt habe. Langsam entdeckten die Börsenspieler, daß dieser Aufstieg von Hitler kein Spaß war. Sie verloren die Lust, weiter auf Hausse zu spekulieren. Es kam zu einem Krach, und ich konnte große Profite kassieren. Fazit: Ein Börsenspekulant muß immer in die Ferne schauen und nicht nur bis zu seiner Nasenspitze.

Als ich in meiner Jugend Autofahren lernte, sagte der Fahrlehrer zu mir: »Schauen Sie nicht immer nur unmittelbar vor die Motorhaube, sondern hundert, zweihundert Meter in die Ferne.« Ich probierte es und hatte plötzlich ein ganz anderes Gefühl beim Fahren. Und so soll es auch an der Börse sein. Nicht daran denken, ob die Kurse morgen oder übermorgen steigen werden, sondern an das, was alles noch kommen kann und wird in den nächsten Monaten und Jahren.

Ist erfolgreiches Spekulieren ein Full-time-job?

Nein, man muß sich aber außer zum Sport, Autofahren und Kartenspielen auch etwas Zeit nehmen zum Nachdenken und Überlegen, die Pros und Kontras vor jedem Entschluß abzuwägen. Angeln ist ein guter Zeitvertreib und Entspannung für den Spekulanten, denn wenn man in Ruhe an der Angel sitzt, kann man über wichtige Probleme nachdenken. Für mich ist Musik zu hören die beste Begleitung zum Nachdenken und Kombinieren.

Kann man auch mit kleinem Einsatz einen großen Gewinn erzielen, oder gilt auch hier der Spruch: Die erste Million ist die schwerste?

Ja, man kann auch klein anfangen. Mit dem Kauf von total abgesackten Aktien, die fast pleite sind, die jedoch im letzten Moment gerettet werden. Diese Fälle nennt man Umkehrsituation.

Oder man kann auch mit Optionen viel Geld machen, wenn man die Tendenz genau im richtigen Moment unmittelbar vor dem Aufschwung erwischt. Das ist auch möglich, aber ich ziehe den ersten Fall vor. Natürlich ist die erste Million die schwerste, nicht nur an der Börse, sondern in jedem Beruf. Etwas muß ich jedoch sehr betonen: Man soll sich nicht vorstellen, wie viele junge Börsianerkandidaten es tun, daß sie sich mit Börsenspiel den Lebensunterhalt verdienen könnten.

Wieviel Geld kann ein guter Börsenspieler pro Jahr verdienen?

»Verdienen« kann er nichts, denn an der Börse gemachtes Geld ist kein Verdienst. Aus Börsenspiel kann man sich nicht ein jährlich soundso großes Einkommen verschaffen. In meinen Ohren klingt es immer falsch, wenn man über die Erfolge eines Börsianers spricht, der im Jahr soundso viel Einkommen erzielt hat. Erstens kann man nichts als Einkommen bezeichnen, das aus den Kursschwankungen entspringt. Das sind Gewinne, aber kein Einkommen. Das Einkommen von Wertpapieren besteht aus Dividenden, Zinsen, Coupons usw., aber nicht aus Kapitalgewinnen. An der Börse kann man Gewinne machen, große Gewinne, auch reich werden. Man kann verlieren, viel verlieren und pleite gehen. Man kann unter keinen Umständen die Gewinne pro Monat und pro Jahr berechnen. Es kann bei einem guten Spekulanten vorkommen, daß er jahrelang erfolglos bleibt und Verluste einstecken muß. Und dann kommen sechs Monate, wo er mehr Gewinne macht als die Verluste in den ganzen vergangenen Jahren. Fazit: Man kann Börsenerfolge nicht nach Jahren und soundso viel Prozent berechnen.

Sollte für alle potentiellen Spekulanten gelten: Nicht kleckern, sondern klotzen?

Ja. Wer an der Börse das »Kleine zuviel ehrt, ist des Großen nicht wert«. »Wenn schon Schweinefleisch, dann muß es triefen«, sagen die frommen Juden, denen das Schweinefleisch verboten ist. Das soll sich jeder Börsenprofi vor Augen halten. Wenn er schon so gefährlichen Boden betritt, dann muß es sich lohnen: Große Gewinne – kleine Verluste.

Gilt dieses Postulat für jeden?

Ich habe für meine Anhänger den Spruch geprägt, der viel zitiert und von dem oft gesprochen wird: »Wer viel Geld hat, kann spekulieren, wer wenig Geld hat, darf nicht spekulieren, wer gar kein Geld hat, muß spekulieren.« (Unter gar kein Geld verstehe ich natürlich fast kein Geld, nur eventuell eine kleine Summe.)

Macht die Börse süchtig?

Ich glaube, ja! Ich kannte viele, die nur durch Zufall an die Börse kamen und sich nicht mehr losreißen konnten. Am besten illustriert dies die folgende Anekdote: Nach dem Börsenkrach 1929 in New York waren Tausende von Börsenprofis total pleite und mußten andere Beschäftigungen finden, sogar minderwertige Jobs. Zwei ehemalige Kollegen von der Börse treffen sich, und der eine fragt: »Was machst du jetzt?« »Ich verkaufe Zahnbürsten für eine Firma. Und du?« »Ganz im Vertrauen sage ich es dir«, ist die Antwort, »ich bin noch immer bei der Börse. Aber meine Frau glaubt, ich spiele Klavier in einem öffentlichen Haus (das war noch immer besser, als Börsianer zu sein).«

Grau ist alle Theorie – ist das ein Patentrezept für Spekulanten?

Absolut richtig. Es gibt keine wissenschaftlichen Thesen oder Systeme – das ist das einzige Patentrezept. Man kann nur ahnen, abcr ganz klar kann man nichts sehen. Oft höre ich sogar von alten Profis: »Die Börse ist zur Zeit ganz undurchsichtig!« Darüber kann ich nur lachen. Wann war sie denn jemals durchsichtig? Wenn sie durchsichtig sein sollte, wäre sie ja keine Börse. Auch der beste Spekulant kann nicht in die Zukunft sehen, sondern bestenfalls die Konturen im Nebel erkennen. Man kann nicht voraussehen, was morgen oder übermorgen sein wird. Aber man muß wissen, was heute ist und gestern war. Und das ist schon sehr viel, denn die meisten wissen noch nicht einmal das.

Also liegt alles im dunkeln? Kann man durch Erfahrung dazulernen?

Ganz richtig. Alle Börsenspieler und Spekulanten befinden sich in einer Dunkelkammer. Sie können nur durch Herumtasten die Objekte finden, die sie suchen. Natürlich wird derjenige, der sich schon seit langem in der Dunkelkammer befindet, leichter die gesuchten Objekte finden als jener, der soeben vom hellichten Tag eingetreten ist.

Aber viele Banker behaupten, daß sie etwas wissen. Kann das sein?

Trauen Sie nie denjenigen, die die Wahrheit schon gefunden haben, trauen Sie nur denen, die die Wahrheit noch suchen, wie der französische Dichter André Gide sagte. Wir suchen immer Richtlinien, wie die Börse sein wird. Wir können nichts wissen, nur ahnen.

Gibt es für einen Spekulanten nur einen Gott: das Geld? Ist dies die Maxime seines Handelns?

Gewiß nicht. Es gab Genies in der Kunst oder in der Literatur, die leidenschaftliche Spekulanten waren: Cicero (allerdings nicht mit Aktien, sondern mit Immobilien), Voltaire, Beaumarché, Rossini, Balzac, Gauguin, Proust, wahrscheinlich auch Schopenhauer und noch viele andere. Ich selber machte die Bekanntschaft des größten Geigenspielers seiner Zeit, Fritz Kreisler, in einem Brokerbüro in Amerika während der Börsenzeit. Er wollte immer Tips haben, doch hatte er einen großen Vorteil mir gegenüber: Er konnte seine Verluste an der Börse vom Nachmittag am Abend mit seiner Geige wieder »einspielen«. Für mich ist das Geld bestimmt nicht der Gott. Die Spekulation ist – wie für viele andere – ein intellektueller Sport, für die, denen es eine größere Freude bedeutet, recht zu erhalten, als das Geld selber. Spekulation ist wie bei vielen Karten-, Roulett- und Rennspielen ein Nervenkitzel, bei dem nicht das Geld, sondern der Sieg an erster Stelle steht. Für die leidenschaftlichen Kartenspieler ist zwar das Gewinnen das größte Vergnügen, aber schon an zweiter Stelle kommt das Verlieren.

Ist Spekulation mit Moral vereinbar?

Natürlich, aber mit ganz wenigen Ausnahmen. Es gab keinen wirtschaftlichen Fortschritt, der nicht immer eine Folge der Spekulation gewesen wäre.

Können uns Großspekulanten gefährlich werden, oder sollten wir als Trittbrettfahrer von ihren risikoreichen Transaktionen profitieren?

Da kann man keine Regel aufstellen. Die Großspekulanten, besser gesagt, die Finanziers, führen ihre Transaktionen, Übernahmen, Fusionen, Entflechtungen usw. an und dank der Börse durch. Sie kaufen die Mehrheit, daß heißt die Kontrolle einer Gesellschaft an der Börse auf oder trennen sich von einer Tochtergesellschaft durch den Verkauf von deren Aktien an der Börse. Ein geschickter Börsenhändler kann durch die Kursschwankungen, die diese Finanztransaktionen verursachen, oft profitieren. Aber auch auf diesem Sektor ist die größte Vorsicht geboten. Oft plant eine Finanzgruppe den Erwerb der Mehrheit einer Gesellschaft dadurch, daß sie deren Aktien aufkauft. Oft plant eine Finanzgruppe den Erwerb der Mehrheit einer Gesellschaft und kauft an der Börse deren Aktien, gelingt dies aber nicht, stößt diese Gruppe die schon aufgekauften, aber zur Kontrolle nicht ausreichenden Aktien wieder ab. Dann stürzt der Kurs dieser Aktie, die vorher raketenhaft hochgeschossen war, senkrecht in die Tiefe. So ist dieses Auf und Ab für den unschuldigen Zaungast ganz und gar unverständlich.

Lassen sich Manipulationen wie die eines Bunker Hunt mit Silber auch heute wiederholen?

Seit die Börsen existieren und solange sie existieren, waren und bleiben solche Manipulationen immer an der Tagesordnung. Die Finanziers sind keine Philanthropen. Nicht umsonst hat man sie einmal in Amerika »banksters« (statt »gangsters«) genannt.

Wie kann ein Unternehmen durch eine Kapitalerhöhung einen Anleger täuschen?

Auf verschiedene Weisen. Die Bilanzen sind ja nicht immer hundertprozentig ehrlich. Wie schon gesagt, sie sind mindestens frisiert, aber immer *tempi passati*. Wenn ein Unternehmen eine Kapitalerhöhung vornehmen will, manipuliert es den Kurs einer Aktie in die Höhe, um die neue Aktie für das Publikum schmackhaft zu machen. Solche Manipulationen sind gang und gäbe.

Sollte der Börsendebütant nach dem Motto handeln: »Selbst ist der Mann«?

Für einen vollkommenen Debütanten ist es natürlich schwer, allein und selbständig an der Börse anzutreten. Er soll dieses Buch genau studieren, dann wird er zumindest eine ganz kleine Ahnung haben, was die Börse ist.

Wie kann man sich vor falschen Propheten schützen, die überall scheinbar sensationelle Anlagemöglichkeiten anpreisen?

Sie nicht ins Haus lassen. Wenn sie anrufen, den Hörer auflegen. Und wenn man ihnen zufällig gesellschaftlich begegnet, die Ohren verschließen. Ich muß es ununterbrochen wiederholen: Es gibt keine Börsenpropheten und Gurus, nur Sterngucker und Phantasten. Man kann das Unprophezeibare nicht prophezeien. Die sensationellen Anlagemöglichkeiten sind fast immer Betrug. An jeder Straßenecke lauert ein gerissener Anlageberater, der einem solche Möglichkeiten empfiehlt, mit denen man sich angeblich vor Inflation, Deflation, Crash oder irgendeiner anderen Krise schützen kann. Da muß ich Molière zitieren: »Die meisten Kranken sterben nicht an ihrer Krankheit, sondern an den Medikamenten.«

Sind die jährlichen Geschäftsberichte, Hauptversammlungen und Publikationen in der Presse als Informationsquelle über die Entwicklung eines Unternehmens ausreichend?

Nein. Außerdem muß man bei den Texten zwischen den Zeilen lesen können und nach jeder Meldung überlegen, was dahintersteckt, ob die Meldungen nicht falsch oder mindestens unglaubwürdig sind. Man muß die Texte sehr kritisch, sogar zynisch analysieren. Außerdem kann man nicht wissen, wo und wann plötzlich eine gefährliche Konkurrenz auftaucht oder die sich noch ändert.

Sollte man sein Kapital eher etablierten Gesellschaften anvertrauen oder auf Newcomer setzen?

Das hängt von der Zielsetzung ab; es gibt keine Regel. Es hängt von der Kapitalstärke, der Risikofreudigkeit und der Geduld ab. Aber es hängt auch vom Newcomer ab, von dessen Management, Patronage usw.

Ist es bei der Börsenspekulation wie beim Roulettspiel? Sollte man im ersten Gewinnfieber nicht alles wieder einsetzen?

Das ist eine Frage des Charakters und des Alters. Darüber kann man nur philosophieren, aber keine Ratschläge geben, genau wie beim Roulettspiel.

Was halten Sie von Charts (Kurskurven)? Lassen sich aus der Vergangenheit Zukunftstendenzen ablesen?

Ich halte etwas davon, aber nicht zuviel. Ich würde aufgrund der Charts nicht kaufen, aber unter keinen Umständen gegen sie operieren. Ich schaue mir gerne Charts über eine längere Zeitspanne (mindestens sechs bis zwölf Monate) an, aber auch nur bei einzelnen Aktien und nicht bei den Marktindexen.

Ein Krankenhausarzt betrachtet auch nur die Fieberkurve eines einzelnen Patienten in einem Krankenzimmer, um seine Schlüsse zu ziehen und den Gesundheitszustand zu beurteilen, und errechnet nicht die Durchschnittsfieberkurve aller in dem Zimmer zusammenliegenden Kranken.

Die Charts sind die Fieberkurven einer Aktie, die mir über ihren Zustand in den letzten Wochen und Monaten Auskunft geben. Das ist schon eine gewisse Basis für die Beurteilung – auch für die Zukunft. Die Chart kann mir vielleicht auch Informationen über das Verhalten der Insider bei einem Unternehmen geben, die sonst nicht überall bekannt sind.

Eine im Zickzack aufsteigende Linie deutet darauf hin, daß die Insider (Manager, Großaktionäre usw.) ihren Bestand an den betreffenden Aktien vergrößern wollen. Dafür können sie verschiedene Gründe haben: Sie wissen schon, daß die Gewinne steigen, daß sie neue, sehr chancenreiche Produkte auf den Markt bringen. Sie wollen eventuell verhindern, daß eine andere Gruppe das Unternehmen übernimmt, oder ganz einfach ihre Kontrolle über dieses Unternehmen ausbauen.

Eine im Zickzack fallende Linie zeigt dagegen, daß die Insider ihren Bestand vielleicht verringern oder sogar total ausverkaufen möchten.

Die steigende Zickzacklinie – zwei Schritte hinauf, einen hinunter, zwei Schritte hinauf, einen hinunter – läßt vermuten, daß die Käufergruppe mit ihren Käufern sehr vorsichtig vorgeht, damit nicht zu viele Mitläufer dabei sind. Nachdem der Kurs etwas gestiegen ist, stoppt man die Käufe, verkauft sogar eine Kleinigkeit, um die anderen zu täuschen, und fängt wieder an zu kaufen, wenn der Kurs zurückgegangen ist.

Im umgekehrten Fall – zwei Schritte hinunter, einen hinauf, zwei Schritte hinunter etc. – gehen die verkaufenden Gruppen ebenfalls mit größter Vorsicht vor. Nach dem Rückgang der Kurse stoppen sie die Verkäufe, erwerben vielleicht sogar wieder etwas, damit sich der Kurs beruhigt.

Wie gesagt kommt es oft vor, daß eine Gruppe die Kontrolle über ein Unternehmen erwerben möchte. Doch eines Tages muß sie feststellen, daß die benötigten 51 Prozent der Aktien für die Mehrheit nicht erreicht werden konnten. Sie befinden sich in festen Händen. Da die Gruppe an einer Minderheitsbeteiligung nicht interessiert ist, verkauft sie die erworbenen Aktien wieder und drückt dadurch den Kurs in die Tiefe. Dieser Fall kommt recht häufig vor. Das naive Börsenpublikum steht verständnislos vor dem Phänomen der erst rapide steigenden und dann heftig fallenden Kurse.

Bemerkenswert ist auch, wenn die Chartlinie einer Aktie genau in die entgegengesetzte Richtung geht wie die Tendenz des gesamten Marktes, sie entweder gegen den großen Trend steigt oder fällt. So verrät uns die Chart etwas über die Transaktionen der Insider. Ich würde nicht gegen eine fallende Chartlinie kaufen, wenn die gesamte Börsentendenz steigend ist. Dagegen ist es ein besonders gutes Zeichen für eine Aktie, wenn ihre Chart steigt, während die gesamte Tendenz fallend ist. Aber ich würde Aktien nicht nur deshalb kaufen, weil ihr Chart steigt – das ist nicht genügend.

Man kann bei den Charts auch folgendes beobachten (ich betone: beobachten, und nicht: herauslesen): Wenn eine Aktie mit einem Zickzackkurs in die Höhe geht und auf einem gewissen Niveau eine Decke bildet, die der Kurs nicht durchbrechen kann, wenn also der Kurs sozusagen öfter an die Decke springt, wieder abfällt usw., könnte das bedeuten, daß bei einem gewissen Kurs große Mengen der Aktie aus irgendeiner Quelle auf den Markt kommen. Die Makler haben den Auftrag, bei einem bestimmten Kurs zu verkaufen. Dann kommt der Augenblick, wo der Kurs die Decke durchbohrt und in die Höhe geht; das würde bedeuten, daß das zur Verfügung stehende Quantum verkauft ist und keine neue Ware herauskommt.

Wenn umgekehrt eine Aktie im Zickzackkurs tief abfällt, einen gewissen Boden aber nicht durchbricht, öfters auf den Boden fällt und wieder hochspringt, könnte das bedeuten, daß eine Gruppe Kurspflege betreibt, besser gesagt interveniert, um eine Panik bei den Besitzern zu verhindern. Wenn der Kurs dann zu einem bestimmten Zeitpunkt den Boden durchbricht, hieße das, daß die intervenierende Gruppe nicht weiter kaufen will, sei es, daß sie dazu keine Mittel mehr hat oder nicht mehr aufwenden will.

Noch eine Beobachtung: Wenn der Kurs einer Aktie nach einem heftigen Rückschlag eine gewisse Zeit auf einem tiefen Niveau stehenbleibt, aber nicht weiter fällt, obwohl alle Berichte und Ereignisse dafür sprechen, könnte das bedeuten, daß die Insider schon darüber informiert sind, daß sich das Unternehmen in einer Umkehrsituation befindet und gute Chancen für die Zukunft bestehen. Diese Analyse bestätigt sich dann, wenn der Kurs dieser Aktie langsam wieder zu steigen beginnt.

Da es Tausende von Chartspielern gibt, können sie selber manchmal Kursbewegungen verursachen. Wenn es nach ihrer Theorie bestimmte Signale gibt, würden sie kaufen oder verkaufen und so die Schwankungen selber erzeugen. Diese wären jedoch nur von kurzer Dauer.

Für Unsinn halte ich, aus verschiedenen Kurvenformen schwerwiegende Schlüsse zu ziehen, wie immer sie heißen mögen: »Untertasse«, »Seitenflanke«, »Schulter-Kopf-Schulter« usw. Solche Kennzeichnungen dienen nur den

Tagesspielern, die kurzfristige Operationen durchführen wollen. Ich kannte in meinem Leben Hunderte von Spielern, die mit ihren Chartsystemen handelten, aber ich kannte nicht einen, der zum Schluß nicht all sein Geld verloren hätte.

Fazit: Man soll die Charts beobachten und aus ihnen Schlüsse ziehen, ihnen aber nicht blind folgen. Sie zeigen klar und verständlich die Vergangenheit einer Aktie, die man kennen sollte; denn wie sagt der chinesische Spruch? Wer die Zukunft erforschen will, muß die Vergangenheit kennen.

Gibt es einen börsenunabhängigen Markt, den man als Schwarzmarkt bezeichnen könnte?

Ja. Aber nur in dem Lande, in dem eine strenge Devisenzwangswirtschaft oder andere Maßnahmen herrschen, die den freien Handel behindern. Dann nennt man es heute aber oft nicht mehr »Schwarzmarkt«, sondern »Parallelmarkt«, denn die Teilnehmer behaupten, daß nicht ihre Geschäfte gegen die Moral verstoßen, sondern die Gesetze und Dekrete unmoralisch seien. Das Thema ist besonders in den letzten siebzig Jahren so aktuell gewesen, daß man darüber ein ganzes Buch schreiben kann.

An welchen Börsen werden die größten Gewinne gemacht?

Das hängt von vielem ab. Zuerst, ob ich dies in relativen oder absoluten Zahlen messe. In absoluten Zahlen gemessen, bestimmt in Amerika; denn der Markt ist dort ungeheuer groß. Zehntausende derselben Aktien können angeboten oder nachgefragt werden, ohne daß das den Kurs beeinflußt. Zu den relativen Zahlen und den Kursschwankungen wäre zu sagen, daß es von der Zeit und noch einer ganzen Reihe anderer Faktoren abhängt, ob sie größer oder kleiner sind. Einmal kann es in London sein, in Tokio oder in Paris; es gibt keine Regel. Ich weiß, daß viele junge Börsianer sich auch für Sydney, Hongkong, Singapur und ähnliche exotische Märkte interessieren. Aber ich teile ihren Geschmack nicht. Die jungen und neuen Börsianer haben manchmal den »Superiority-Komplex«, wenn sie Telegramme, Ausführungen und Empfehlungen von diesen Märkten bekommen. Sie rufen sogar Sydney oder Hongkong an und fühlen sich plötzlich wie internationale Finanziers, die mit ihren Transaktionen den Globus umspannen.

Kann man auf den sogenannten exotischen Märkten keine Gewinne machen?

Vielleicht hie und da. Aber ich glaube, die Anfänger sollten sich an die großen westlichen Märkte halten. Gibt es denn da nicht genügend Gelegenheiten? Um auf einem Markt durch Überlegung erfolgreich zu operieren, muß man über das betreffende Land ziemlich viel wissen. Die Mentalität des Publikums, die Mentalität der Spieler, die politischen Verwicklungen, die Geschäftspolitik der Banken, das Verhalten der Notenbanken, die technische Verfassung der Märkte usw. All diese Sachen können wir hier von Europa aus weder kennen noch verfolgen. Und obwohl ich mit der Börse von Tokio in den fünfziger Jahren besonders gute Erfahrungen gemacht habe, würde ich trotzdem heute nicht mehr an diesen Börsen teilnehmen. Unmittelbar nach dem Ersten Weltkrieg war es leicht, sich eine Meinung zu bilden. Meine Einstellung war: Der Friede ist da,und Japan wird – dank seiner Disziplin, seinem Fleiß und seiner Zähigkeit – wieder eine Hochkonjunktur erleben. Diese globale Voraussetzung war richtig, aber seitdem sind 35 Jahre vergangen, und die heutige Tokioter Börse ist eine wahrhaftige Spielhölle geworden. Ein altes Gesetz für Pokerspieler behauptet, daß man mit unbekannten Partnern nicht Poker spielen darf. Das heutige Japan ist für mich unbekannt, und ich habe mir zum Prinzip gemacht, daß ich an der Börse eines Landes nicht operiere, dessen Sprache, geschweige denn dessen Alphabet ich nicht kenne

Wenn also ein Anleger oder Spekulant zu Japans Wirtschaft auf lange Sicht optimistisch eingestellt ist und darauf spekulieren will, kann er an der New Yorker Börse das Papier »Japan Fonds« kaufen; das ist ein Investmentfonds ausschließlich mit japanischen Werten, der von japanisch-amerikanischen Managern geleitet wird, die über die japanische Wirtschaft und ihre Einzelheiten besser informiert sind als irgendein europäischer Spekulant.

Sind die deutschen Börsen für die Kosmopoliten unter den Spekulanten zu konservativ und auch zu provinziell?

Das hängt wieder von den Zeiten ab. In der Vergangenheit war das sicher der Fall. Doch seit 1984 kaufen die Sparer wie wild Aktien. Im allgemeinen kann man jedoch sagen, daß das deutsche Börsenpublikum viel mehr zu festverzinslichen Anlagen und Sparkonten neigt. Auch Immobilien hatten jahrelang den Vorzug gegenüber Aktien. Deswegen wollten die deutschen Wirtschaftsführer schon seit Jahren das Aktiensparen popularisieren, damit viele Unternehmen ihr Stammkapital erhöhen können. Endlich ist es ihnen seit 1983 gelungen, das Publikum aktienfreundlich, sogar aktiensüchtig zu machen. Es war aber nicht schwer, nachdem in der ganzen Welt eine Wende zugunsten der Börsen gekommen war, und so konnte man von dieser Atmosphäre auch in der Bundesrepublik profitieren. Das wird so lange dauern, bis ein Sturz der Kurse große Verluste verursacht. Dann kann wahrscheinlich eine große Pause kommen, bis das Interesse wieder aufflackert.

Lohnt es sich trotz der hohen Spesen, an unterschiedlichen Börsenplätzen zu kaufen beziehungsweise zu verkaufen?

Das hängt davon ab, um welche Papiere und um welche Börsen es sich handelt. Viele amerikanische Werte werden in der Bundesrepublik, in Amsterdam, in der Schweiz, in Paris usw. gehandelt. Die Provisionen sind verschieden, aber in Europa sind sie generell relativ billiger als in den USA.

Spielt es eine Rolle, ob amerikanische Werte in deutscher Mark oder Schweizer Franken gehandelt werden?

Nein, denn die Aktien entsprechen genauso den jeweiligen Währungskursen. Das gilt für die Werte, die in der Bundesrepublik, in Zürich usw. einen großen Markt haben. Bei Aktien mit niedrigen Umsätzen kann es kleine Verschiebungen geben, so daß sie in Europa einmal höher oder tiefer stehen als in Amerika.

Sind die Gewinne, die man bei den Kursdifferenzen der Aktien erreicht, grundsätzlich steuerpflichtig? Wenn ja, in welcher Höhe?

In der Bundesrepublik sind sie grundsätzlich steuerpflichtig, wenn zwischen Kauf und Verkauf weniger als sechs Monate liegen.

Sind Namensaktien grundsätzlich teurer als Inhaberaktien?

Nein, im Gegenteil. Wenn eine Gesellschaft beide Sorten besitzt (wie es in der Schweiz oft der Fall ist), dann sind die Namensaktien billiger als die Inhaberaktien. Aber nur Schweizer haben das Recht, Schweizer Namensaktien zu kaufen.

Bedeutet die Kapitalerhöhung einer Gesellschaft einen Aufwärtstrend der Aktie?

Nein. Es hängt eigentlich von den Chancen des Unternehmens und von der allgemeinen Tendenz auf dem Kapitalmarkt ab. Bei einer Tendenz nach unten wirkt sich eine Kapitalerhöhung eher negativ aus, bei einer steigenden Tendenz dagegen hat sie eine positive Wirkung.

Die Aktie erlaubt kapitalsuchenden Unternehmen eine breite Kapitalaufnahme. Könnte sie ein Weg zu mehr Wirtschaftsdemokratie sein?

Ja. Was die Aktie für das System der freien Marktwirtschaft bedeutet, habe ich schon gesagt. Der breitgestreute Besitz von Aktien großer Unternehmen führt langsam zu einer Art von Volkskapitalismus. Dank der Börse kann sich jeder kleine Mann eine Beteiligung an den Unternehmen jeder Branche seines Geschmackes erwerben. In Amerika, England und Frankreich ist es seit Jahrzehnten so. In Amsterdam gab es schon im 17. Jahrhundert eine besonders rege Börse. In der Bundesrepublik kommt es, wie gesagt, erst langsam dazu.

Ist der Aktienmarkt in der freien Marktwirtschaft, in der das freie Spiel der Kräfte von Angebot und Nachfrage die Preise reguliert, der einzige, der noch funktioniert?

Fast. Aber in vielen Ländern gibt es auch eine freie Entwicklung der Rohstoff- und Immobilienpreise sowie der Devisenkurse (außer den Ländern, wo Devisengesetze existieren). Die Tendenz geht weltweit in Richtung: mehr Freiheit in allem.

Kann man von einer hohen Dividendenausschüttung auf eine gute Kursentwicklung schließen?

Nicht unbedingt, speziell nicht kurz- oder mittelfristig. Oft wird die Erhöhung einer Dividende von den Spekulanten erwartet und, indem sie die Kurse in die Höhe treiben, vorweggenommen. Daher kommt es häufig vor, daß nach der endgültigen Meldung einer erwarteten höheren Dividendenausschüttung der Kurs zurückgeht. Das ist das bekannte Phänomen des *Fait accompli*.

Wie lautet das kleine Brevier des auf Baisse Spekulierenden?

Die spontane Antwort könnte ein Börsenspruch sein: »Der Baissier wird von Gott verachtet, weil er nach fremdem Gelde trachtet.« Der Baissier kann nur durch den Verlust anderer Gewinne machen. Er spekuliert ja auf den Schmerz des anderen. Darauf müßten diejenigen, die die Moral nicht sehr achten, mit einem Schiller-Zitat antworten: »Nur im Geben liegt der Segen.« (Geben bedeutet im Börsenjargon verkaufen.) Die Baissespekulation ist ein spezieller Mechanismus. In Deutschland nennt man das Baissespekulieren Leerverkaufen. Sie erfordert ein gewisses Verständnis dafür, wie man etwas verkaufen kann, was man noch nicht besitzt. Die Angelsachsen nennen den Baissier *bear* (Bär), was bedeutet, das Bärenfell zu verkaufen, bevor der Bär erlegt ist. Der Baissier hat einen ganz bestimmten Charakter. Er ist verbissen in seinem Pessimismus und immer der Ansicht, daß die Aktien zu hoch sind. Er spekuliert ständig auf fallende Kurse.

Da fällt mir eine Anekdote über einen Baissier an der Budapester Börse ein. Er hatte aggressiv auf den Kurssturz spekuliert, aber die Börse stieg und stieg, und sein Verlust wurde immer größer. Eines Tages stand er in seiner Ecke in der Börse, während die Kurse unter großem Lärm stiegen und stiegen. Ein Kollege fragte ihn, um ihn zu ärgern: »Was glauben Sie wohl, was diese Burschen alle mit der Hausse verdienen?« »Für mich spielt das gar keine Rolle«, antwortete der Baissier. »Denn alles, was sie heute gewinnen, kommt nach dem Krach wieder zu mir zurück. Nur was sie inzwischen ausgeben für Frauen und Champagner, ist für mich leider verloren.«

Der Begriff der Gerechtigkeit ist schwer festzulegen. Aber ist der notierte Wert einer Aktie immer ein gerechter Preis?

Nein! Ein gerechter Preis ist zuviel gesagt. Kein Computer, kein mathematisches Genie der Welt kann den gerechten Preis einer Aktie ausrechnen. Kann man den Wert eines Unternehmens wie zum Beispiel Siemens berechnen? Und wenn es theoretisch möglich wäre, dann würde die Aktie nie so stehen, sondern entweder höher oder tiefer. Der Preis ist das Produkt von Angebot und Nachfrage, und diese sind den verschiedensten Einflußfaktoren und Bedingungen unterworfen. Derselbe Preis kann in einem bestimmten Moment zu hoch angesiedelt sein und bei einer anderen Konstellation zu tief. Das verursacht ja die Kursschwankungen. Der Preis ist nur eine Schätzung. Hoch oder tief ist vollkommen relativ. Ich hatte einen Freund, einen Bohemien, der nur zwei Hemden besaß. Er trug das eine Hemd so lange, bis es relativ schmutziger war als das andere. Eine Aktie kann relativ höher oder relativ tiefer stehen als die andere. Über den Preis zu philosophieren ist ja die Quintessenz, besser gesagt die Rolle der Spekulation. Oscar Wilde sagte: »Der Zyniker [der Börsianer, Anm. d. A.] kennt den Preis von allem, aber nicht den Wert.«

Ist es jederzeit sinnvoll, ein Kurslimit oder einen Termin beim Erwerb oder Verkauf einer Aktie zu setzen?

Dreimal nein, wenn es sich um eine Aktie handelt. Bei festverzinslichen Anlagen kann man es tun, wenn die Verzinsung, gemessen an dem Kapitalmarkt, gewissermaßen berechnet werden kann. Aber auch die weitere langfristige Zinsentwicklung zu beurteilen ist schwierig, da sie von zu vielen Komponenten abhängt. Bei notleidenden Anleihen dagegen muß man ganz anders urteilen; das Entscheidende ist hier nicht ausschließlich die Verzinsung, das heißt die Rendite, sondern verschiedene andere Motivationen: Wie groß die Chancen für die Wiederaufnahme des Zinsdienstes sind; die Qualität, die Kreditwürdigkeit des Schuldners und noch andere verschiedene Beweggründe. Im großen und ganzen kann man keine Limits für Gewinne oder Verluste und auch keine Terminlimits im Terminkalender festsetzen. Ein Beispiel ist meine schon genannte Erfahrung mit der Younganleihe.

Warum gibt es an den Börsen in der Bundesrepublik keine Termingeschäfte mehr? Oder sind sie unter einem anderen Namen oder in einer anderen Form noch möglich?

Ich verstehe selber nicht, warum an einem so großen Kapitalmarkt wie dem der Bundesrepublik kein Terminhandel existiert wie in Paris oder Zürich. Es ist auch unter einem anderen Namen nicht möglich bis auf eine kleine Ausnahme: Kauf und Verkauf von Optionen.

Die moderne hochtechnisierte, zu Innovationen gezwungene Industriegesellschaft bedarf hoher Kapitaleinsätze.
Wird man deshalb mit einer enormen Expansion des Aktienpotentials zu rechnen haben?

Ja, unbedingt. Ich muß es wiederholen: Die Aktiengesellschaft ist die Grundlage für die Expansion in einer privaten

Industriegesellschaft, ohne Börse sind die Aktiengesellschaften nicht möglich, und ohne Spekulation gibt es keine Börse. Kurz und gut: Spekulation in Aktien ist unentbehrlich für die Entwicklung der Wirtschaft.

Könnte diese Entwicklung damit einhergehen, daß in Zukunft der Kauf von Aktien für breite Bevölkerungsschichten immer attraktiver wird?

Ja, unbedingt. Die größte Frage, die jedem Sparer gestellt wird, ist nur: Welche Aktien auf welchem Markt, wann und zu welchem Preis. Die Beantwortung dieser drei Ws kann ausschlaggebend sein.

Regen Privatisierungsmaßnahmen staatlicher oder verstaatlichter Unternehmen die Börsentätigkeit an? Führen sie zu einer starken Belebung der Börse und der Spekulation?

Ja, aber auch das Gegenteil ist möglich: Die Verstaatlichung von Privatunternehmen kann die Börse ebenfalls anregen und sogar in die Höhe treiben. Alles hängt davon ab, in welchem Staat, unter welcher Regierung, in welchem politischen Klima dies geschieht. Das beste Beispiel ist die Entwicklung in Frankreich in den letzten Jahren. Die Verstaatlichung der vierzig größten Industrieunternehmen und aller französischen Banken, die über ein 2-Milliarden-Francs-Depot verfügten, verursachte an der Pariser Börse eine rasante Aufwärtsbewegung. Der Staat bezahlte den Aktionären die Aktien zu dem Durchschnittskurs der letzten drei Jahre und pumpte dadurch 60 Milliarden Franc in den Markt. Das frische Geld, das die Aktionäre bekommen haben, wurde dann wieder in andere Aktien neu investiert. Plötzlich entstand die Situation, die für eine Kursaufwärtsbewegung die günstigste ist: Mehr Geld in den Taschen der Anleger und weniger Aktien auf dem Markt, da ja die großen, verstaatlichten Aktien verschwanden. Die Verstaatlichungen haben also eine stürmische Hausse verursacht, um so mehr, als man zur gleichen Zeit das Anonimat für Goldkäufe abschaffte.

Und wie wäre es jetzt bei der Reprivatisierung der verstaatlichten Unternehmen?

Darauf kann man keine Antwort geben. Es könnte für die Börse im allgemeinen günstig sein aus dem Klima heraus, weil die Politik sich von einem kollektiven, sozialistischen Regime entfernt. Aber es könnte auch fehlschlagen, wenn nicht genügend Geld in den Taschen der Anleger verfügbar wäre und auch ausländische Anleger nicht gewillt wären, französische Aktien zu kaufen.

Ist die allgemeine Zinspolitik mit dem Schicksal der Aktienkurse verbunden?

Selbstverständlich und sehr stark sogar. Nicht umsonst sagten im alten Wien die Spekulanten: »A Sach hat jeder Börsianer gern – schene Weiber und tiefe Zinsen.«

Die größte Konkurrenz zu den Aktien sind die langfristigen Anleihen. Wenn deren Verzinsung zu attraktiv ist, dann werden die großen Geldanleger – die Pensionskassen, Versicherungen, Stiftungen, Rentengesellschaften usw. – Anleihen den Aktien vorziehen, besonders in einer Zeit der Währungsstabilität. Im entgegengesetzten Fall: Ist die Verzinsung der Anleihen niedrig, werden diese Institute eher Aktien kaufen, da eine Hoffnung auf steigende Dividende berechtigt ist. Um so mehr, als die niedrigen Zinsen die Wirtschaft ankurbeln und die Gewinne der Unternehmen verbessern. Dieser Mechanismus zwischen Aktien und Anleihen ist natürlich nur in einer Zeit ohne Inflation möglich. Dann kann die Notenbank die Zinsen heruntersetzen.

Während einer Inflation gibt es zwei Möglichkeiten: Greift die Notenbank ein, um die Inflation zu bekämpfen, erhöht sie die Zinsen, worauf die Kurse der Anleihen fallen. Die Rendite der Anleihen steigt, und sie bilden eine Konkurrenz zu den Aktien. Durch die höheren Zinsen wird auch der Geldmarkt weniger liquid, und es bleibt weniger Geld für den Ankauf von Aktien übrig. Sollte dagegen die Notenbank nicht eingreifen, und die Zinsen nicht erhöht, dann würde von der Inflation der Aktienmarkt profitieren durch eine immer weiter ansteigende Geldmenge. Kurz und gut: Die Aktien fallen oft in einer Zeit der Inflation nicht wegen der Inflation, sondern wegen der Maßnahmen gegen die Inflation, das heißt: höhere Zinsen und strengere Kreditrestriktionen.

Ist die hohe Zahl der Neuemissionen,
das heißt der Gang vieler Gesellschaften zur Börse,
ein untrügliches Zeichen dafür, daß die günstige Phase für Aktienanlagen anhält?

Nein, unter keinen Umständen. Im Gegenteil. Während der zahlreichen Neuemissionen, die von den Banken lanciert werden, wird die Börsenstimmung durch die Medien und die Propaganda optimistisch gehalten. Je optimistischer das Klima, desto schneller wird das Publikum die Neuemissionen schlucken. Aber um so heftiger kommt dann die Reaktion, wenn der Optimismus umkippt. Eine Vermehrung von Aktien – durch Neugründungen oder Kapitalerhöhungen – deutet fast immer auf einen späteren, dramatischen Rückschlag hin. Denn plötzlich sind mehr Aktien da als Dummköpfe.

Und diese Rückschläge können manchmal tiefer gehen als erwartet. Aber auch wenn man sie erwartet und überzeugt ist, daß sie kommen, können auch die besten Wirtschaftsexperten nichts dagegen tun. Nur eventuell sehr vorsichtig bremsen oder verlangsamen. Die ganze Kunst der Situation besteht darin, daß man darauf vorbereitet ist und demnach handelt.

Darf der Spekulant sich von moralischen Erwägungen leiten lassen?

Das hängt etwas davon ab, ob es sich um eine Moral in humanitärer Sicht oder eine Moral in bezug auf die Gesetzgebung handelt, welche gerade viele Spekulanten als unmoralisch bezeichnen. Das bezieht sich besonders auf Länder, in denen Devisenzwangswirtschaft herrscht. Ich kannte einmal einen Spekulanten, der aus Wien nach Paris kam. Die erste Frage, die er im Caféhaus einem Kollegen stellte, lautete: »Kinder, sagt mir, was ist hier verboten?« Es war die Zeit, in der die größten Profite mit solchen komplizierten Geschäften gemacht wurden, mit denen man gewisse Gesetze oder Verordnungen überlisten konnte.

Eine moralische Dimension hat es, besonders auf die Baisse oder den Börsenkrach zu spekulieren; denn es gibt darüber keinen Zweifel, daß der Baissespekulant nur dann einen Gewinn machen kann, wenn die anderen verlieren, abgesehen davon, daß ein Börsenkrach oft die Folge eines politischen Ereignisses oder einer Naturkatastrophe ist. Krieg, Revolution, Erdbeben, Explosion usw. können manchmal die Kurse in die Tiefe treiben. Der Baissier würde von all diesen Ereignissen profitieren, ohne etwas dazu beigetragen zu haben. Ich glaube aber nicht, daß sich viele Spekulanten aus diesem Grunde von der Baissespekulation zurückhalten ließen.

Ich kenne zwar auch einen, der sich wohl nicht aus moralischen Erwägungen davon zurückhalten ließ, in bestimmten Momenten aber doch von seinem Gewissen geplagt wurde, denn das war ich selber. Die Geschichte ist folgende: 1932 hatte ich ein großes Baisseengagement in den Aktien des Kreuger-Zündholz-Trusts. Iwan Kreuger war ein genialer Geschäftsmann aus Stockholm und baute ein Unternehmen für die Ausbeutung der Zündholzmonopole der verschiedenen Länder auf. Er nahm Riesenkredite in Amerika und anderen reichen Industrieländern auf, lieh das Geld finanziell schwächeren Ländern in Mittel- und Osteuropa und bekam dafür das Zündholzmonopol. Als die Weimarer Republik, Ungarn usw. ihre Zahlungen einstellten, mußte die ganze Kreugersche Kombination zusammenbrechen. Die Schuldnerländer zahlten nicht, und so mußte er auch seine Zahlungen an Gläubigerländer einstellen. Durch verschiedene Symptome war ich zur Überzeugung gelangt, daß dies bald eintreffen würde, und verkaufte leer ein großes Quantum an Aktien der Kreuger-Gesellschaft. Am Anfang bröckelte der Kurs langsam ab. Da ich vom Ende überzeugt war, löste ich mein Engagement noch nicht, obwohl sie schon viel tiefer standen. Und da kam plötzlich eines Tages die dramatische Nachricht, Kreuger habe sich in seiner Pariser Wohnung erschossen. Am nächsten Tag sausten die Aktien in die Tiefe – man konnte sie nicht einmal notieren. Ich konnte einen Riesenprofit kassieren, aber diesmal auf Kosten eines Menschenlebens. Ich fühlte mich geradezu mitschuldig am Tod Kreugers. Jedenfalls warf ich mir einen Mangel an Moral vor. Ich persönlich hatte mit der Tragödie nichts zu tun, aber das Drama setzte mich unter einen starken seelischen Druck. Der Schock traf mich um so mehr, als ich Iwan Kreuger bestimmt nicht für den Betrüger hielt, als den ihn die Weltpresse hinstellte. Der Grundgedanke seiner Geschäfte war logisch und ehrlich, er täuschte sich nur in der Beurteilung der politischen und wirtschaftlichen Lage und wurde das Opfer ungünstiger Umstände.

Jedem bleibt es freigestellt, aus moralischen Gründen eine bestimmte Aktie nicht zu kaufen. Ein junger Student stellte mir einmal die Frage, ob es nicht unmoralisch sei, Aktien der Rüstungsindustrie zu kaufen. Es ist bestimmt unmoralisch, daß in Amerika der Verkauf von Schußwaffen absolut frei ist. Staaten brauchen dagegen unter Umständen die Rüstung, um die Moral zu verteidigen. Diese Frage – moralisch oder unmoralisch – müßte man aber ohnehin allen Regierungen stellen. Nicht allein wegen der Rüstung, sondern weil sie auch aus dem Tabak und Alkohol großen Nutzen ziehen. Ich finde auch, daß Spielkasinos unmoralisch sind, nichtsdestoweniger schießen sie in der Bundesrepublik wie Pilze aus dem Boden. Ich denke auch, daß es unmoralisch ist, wenn große Banken intensive Werbung für Goldkauf und Goldhamstern machen und noch dazu den Sparern erklären, wie sie dieses Gold in gewissen Ländern steuerfrei erwerben können. Außerdem ist der Kauf einer jeden Goldmünze ein Kapitalexport, oft in einer Zeit, in der die nationale Währung unter Druck ist. Wenn Sparer ihr Geld ins Ausland schicken, entziehen sie es der eigenen Wirtschaft. Gold zu kaufen ist eine sterile Anlage, und es wäre mehr im Interesse des Landes, in die Produktion zu investieren. Außerdem geben Banken ihrem Publikum Ratschläge zur Steuerhinterziehung. Ich könnte noch Dutzende von Beispielen anführen, in denen in irgendeiner Weise gegen die Moral, aber nicht gegen das Gesetz verstoßen wird. Wenn also einer aus moralischen Erwägungen eine Spekulation unterläßt, ist dies auch kein Malheur. Und auch nur ein Malheur zu 50 Prozent, denn genauso groß ist die Wahrscheinlichkeit, daß er hätte verlieren können.

Darf sich ein Spekulant von seiner politischen Einstellung beeinflussen lassen?

Nein. Von seiner politischen Einstellung sollte sich ein Spekulant nicht beeinflussen lassen. Viele Börsianer haben ganz große Erfolge versäumt, bloß wegen einer starren politischen Einstellung. Zum Beispiel wollten die Schweizer und Holländer nach dem Zweiten Weltkrieg aus einer – sagen wir es ehrlich – deutschfeindlichen Einstellung unter keinen Umständen deutsche Anleihen kaufen. Viel haben sie versäumt, denn Hunderte Millionen Gewinne hätten sie machen können, wenn sie mit deutschen Anleihen auf den Wiederaufbau der Bundesrepublik spekuliert hätten. Später kauften die gleichen Schweizer große Mengen deutscher Anleihen, die sie vor dreißig Jahren zu einem Bruchteil der heutigen Preise verschmäht hatten.

Muß ein Börsianer immer nüchtern und logisch sein, oder soll er sich manchmal von der Dummheit der anderen mitreißen lassen?

Er muß nicht immer nüchtern und logisch sein, denn auch die Dummen an der Börse bekommen oft recht, da sie ja zum Teil selber die Kurse machen. Die Logik an der Börse ist, daß man oft unlogisch sein muß, und das ist die große Kunst des Spekulierens und der Börsenanalyse.

Darf ein Börsianer unter Einfluß von Alkohol einen Entschluß fassen?

Ja. Der Alkoholrausch kann die Phantasie stimulieren, unnütze Hemmungen beiseite räumen, und das ist sehr oft besonders günstig.

Soll ein Spekulant der Meinung seiner Frau oder Freundin Bedeutung beimessen?

Die Frauen haben eine besonders starke Intuition und ausgeprägten Instinkt. Diese Qualitäten können die logischen Erwägungen des Mannes ergänzen.

Darf ein Spekulant abergläubisch sein?

Ein wenig. Es ist auch leicht zu verstehen, wenn er es ist. Oft stellt er eine These auf, die in jeder Hinsicht logisch ist und mit den sichersten Argumenten unterbaut. Es muß so kommen, denkt er sich, aber nichtsdestoweniger stellt sich dann heraus, daß die Spekulation falsch war. Und dann sagt er sich: Ich habe Pech gehabt. In dem Moment, in dem er Mißerfolg mit Pech begründet, ist er schon abergläubisch. Der Aberglaube ist oft mit Instinkt verbunden, und der ist sehr nützlich.

Soll ein Spekulant seine Papiere mit kleinem oder großem Gewinn oder kleinem oder großem Verlust verkaufen?

Der Entschluß, ob man ein Wertpapier verkauft oder nicht, ist von seinem vergangenen Verkaufspreis völlig unabhängig, sondern hängt von dem Urteil über seine künftige Entwicklung ab. Der Spekulant muß ein absolut objektives Urteil fällen. Auch mit Verlust muß verkauft werden, wenn das objektive Urteil dafür spricht. Es ist allgemein bekannt, daß die meisten Anleger mit Verlust nicht verkaufen wollen, weil sie nicht bilanzieren möchten. Solange sie ein Papier nicht verkaufen, müssen sie den Verlust nicht verschmerzen. Diese psychologische Einstellung ist völlig falsch, denn sie verhindert ein objektives Urteil. Bei Gewinn muß eine genauso unabhängige Entscheidung getroffen werden.

Soll man ein Papier viel höher zurückkaufen, das man einmal niedriger verkauft hat?

Auch dieses Urteil muß objektiv sein, unabhängig von vergangenen Transaktionen.

Wann soll man den Börsenauftrag am besten erteilen, an welchem Tag der Woche, vorbörslich oder während der Börsenzeit?

Über das Wochenende hat man Ruhe und Zeit, um sich Gedanken über die Börse zu machen, und dann kann man nach reifer Überlegung die Strategie entwickeln und Pläne schmieden.

Soll ein guter Spekulant zur Börse gehen oder Brokerbüros besuchen, wo man die Kurse am laufenden Band verfolgen kann?

Die Kursschwankungen in jeder Einzelheit zu verfolgen, das laufende Band zu beobachten, wie es die meisten Börsenteilnehmer tun, kann den Spekulanten in seiner nüchternen Überlegung stören und ungünstig beeinflussen. Dies würde aus dem Spekulanten einen Spieler machen. Es genügt, wenn er die Börsenschwankungen nur *grosso modo* verfolgt. Von der Tendenz soll man natürlich Kenntnis nehmen, ob sie etwas mehr oder weniger besser oder etwas mehr oder weniger schlechter ist. Man muß die Börse aus einer gewissen Entfernung beobachten und nicht zu nahe kommen. Nur die Makler, ihre Angestellten und Laufburschen müssen immer jeden Kurs kennen, weil sie auf die Fragen ihrer Kunden antworten müssen. Der Spekulant muß einen gewissen Abstand halten.

Ich zum Beispiel habe eine ganz spezielle Methode: Ich kenne die genauen Kurse nie und bestimmt nicht die meiner eigenen Papiere, weil ich mich von den Tagesvariationen nicht beeinflussen lassen will. Ich kenne nur die Stimmung, weiß, wie die Indexe stehen. Ich habe mir ja meine Meinung schon gebildet und warte nun mit Geduld, ob ich recht bekomme. Vielleicht ja, vielleicht nein. Aber auch wenn die Börse mir inzwischen nicht recht gibt und ich auch meine Meinung nicht geändert habe, bewahre ich meine Ruhe. Ich weiß, daß das sehr schwierig ist und man viel Training braucht, aber jeder kann sich in eine solche Haltung langsam einüben.

Wie soll man handeln, wenn man einen neuen Plan gefaßt hat?

Man sollte abends planen, nachts – ob bewußt oder unterbewußt – überlegen, am Morgen den Entschluß fassen und dann handeln.

Kann man verlorenes Geld zurückgewinnen?

Verloren ist verloren. Neue Geschäfte können neue Gewinne bringen, sie haben aber nichts mit der Vergangenheit zu tun. Deswegen lautet mein Spruch: Gewinnen kann man, verlieren kann man, zurückgewinnen nie!

Wie soll sich der Börsianer nach einer erfolgreichen Spekulation verhalten?

Nach seinen Erfolgen – so spektakulär sie auch sein mögen – soll ein Börsianer bescheiden bleiben und auf gar keinen Fall stolz sein; denn sogar der Dümmste kann an der Börse Erfolge haben. Um so mehr, als ja die vielen Dummen die Tendenz machen, und der Dumme ist auch nur ein Molekül der Menge.

Es gibt nur zwei Möglichkeiten: Ein Papier kann steigen oder fallen. Natürlich mit Nuancen und verschiedener Intensität. Wenn man von zwei Möglichkeiten die richtige erwischt, ist dies noch kein Grund, sich etwas einzubilden.

Es kann auch eine reine Glückssache sein wie bei jedem Glücksspiel: »Kopf oder Adler.« Wenn man dann neue Ideen hat, muß man auch Hoffnungen haben, aber eine gewisse Skepsis ist immer angebracht, da zu viele Imponderabilien einen Strich durch die Rechnung machen können.

Wann kann also ein Börsenspekulant Kasse machen?

Kasse können nur die Erben machen. Sie sind die einzigen Zeugen, ob der Verstorbene ein erfolgreicher oder erfolgloser Spekulant war. Denn solange der Spekulant an der Börse operiert, kauft und verkauft, neue Ideen hat und neue Engagements eingeht, ist das an der Börse gewonnene Geld nur geliehenes Geld. Oft muß man das geliehene Geld mit sehr hohen Zinsen zurückzahlen. Ein Spekulant darf also, solange er lebt und spekuliert, nie Kasse machen. Oder er muß endgültig in den Ruhestand gehen und die Börse nicht einmal mehr beobachten, denn sonst zieht sie ihn wieder wie ein Magnet an.

Ein leidenschaftlicher Karten- oder Roulettspieler verläßt das Kasino auch nie. Nach einem gewinnreichen Tag kommt er am nächsten Tag wieder zurück und spielt weiter. Es ist ja allgemein bekannt, daß ein Kasinomanager sich keine Sorgen macht, wenn er einen Kunden mit Gewinn weggehen sieht, weil er überzeugt ist, daß der Spieler sowieso zurückkommt und zum Schluß die Gewinne wieder zurückverlieren wird. »Das Pech ist nur«, seufzte mir einmal ein Kasinobesitzer vor, »wenn der Spieler unser Haus mit Gewinn verläßt und ihn dann in einem anderen Spielsaal verliert.«

Nach welchen Kriterien soll man die Auswahl der Papiere und überhaupt eine Entscheidung treffen?

Die erste Frage, die man entscheiden muß, ist immer die, ob man überhaupt Papiere kaufen oder das Geld eher in langfristigen Sparguthaben anlegen soll. Wenn man sich zum Kauf entschlossen hat, stellt sich die Frage: Auf welchem Markt? Dann kommt die Überlegung hinzu, in welcher Branche, und zum Schluß die Auswahl eines Unternehmens. Der Zeitpunkt, ob man heute, morgen oder in einer Woche kaufen soll, ist unberechenbar und sollte für den Anleger irrelevant sein, da es sich um eine rein taktische Entscheidung handelt. Für den Anleger hat nur die langfristige Strategie Bedeutung.

Was soll man von der Meinung eines ungeschulten Autodidakten halten?

Ein Autodidakt, auch wenn er ungeschult ist, kann sich eine große Erfahrung erwerben und reagiert oft intuitiv besser auf Ereignisse und komplizierte Probleme als ein geschulter Theoretiker. Der Autodidakt reagiert häufig richtig, ohne zu wissen warum, nur aufgrund seiner Erfahrungen.

Welche Bedeutung soll man der Meinung eines alten, erfahrenen, intelligenten, aber völlig erfolglosen Börsianers beimessen?

Die größte. Denn der Erfolg ist kein Maßstab für die Fachkenntnis und Intelligenz eines Profis. Auch der Erfolglose kann die Börsentendenz und die Chancen gewisser Wertpapiere und auch der Börse besonders gut beurteilen, er kann Phantasie haben und auch das Risiko abwägen, er selbst kann davon aber vielleicht nicht profitieren, weil er unentschlossen, ängstlich oder nervös und ungeduldig ist und vielleicht in seine eigene Meinung kein Vertrauen hat. Oder ganz einfach, weil er auf die Papiere immer Schulden hatte – der letzte Fall ist der fatalste, denn dann hätte auch Geduld nichts genützt. Der Erfolg hängt sehr oft nicht von der Intelligenz, sondern von den Charakterzügen eines Menschen ab.

Ich spreche aus Erfahrung, da ich schon Dutzende dieser Art in meinem Freundeskreis hatte. Ich denke oft gerührt an einen alten Freund, von dem ich die beste Meinung hatte, von dem ich sogar viel gelernt habe, der aber so schlecht abgeschnitten hat, daß ich ihn in den letzten Jahren seines Lebens unterstützt habe. Abgesehen von den schon erwähnten negativen Charakterzügen, war er auch schrecklich verspielt. Vormittags spielte er an der Börse, nachmittags Rennen, abends Bridge oder Poker und spätabends irgend ein Hasardspiel. An der Börse hatte er sehr sinnvolle und glückliche Ideen, aber nach dem ersten Rückschlag verkaufte er sofort die Papiere, teilweise,. weil er mit einem überhöhten Kredit gekauft hatte. Trotz seiner Intelligenz und seiner überzeugenden Ideen betrachtete er die Spekulation doch eher als ein Spiel. Und so war er gleichzeitig ein hochintelligenter Spekulant und ein nervöser Spieler.

Ein anderer meiner Freunde, Professor Albert Hahn, ein ganz außerordentlich kluger Mann, bemerkte oft: »Ich gebe nichts auf meine eigene Dummheit.« Vielleicht deswegen, weil er ein Professor der Volkswirtschaft war. Bei ihm war gerade das Mißtrauen (gegenüber sich selbst als Professor) sein großes Glück. Und da er diese negative Selbsteinschätzung hatte, spielte er nur theoretisch. Auf dem Papier verkaufte und kaufte er hin und her, als Nervenkitzel war ihm das schon genug, aber praktisch hat er nichts unternommen. Er hatte nur eine langfristige Strategie und investierte in den vierziger Jahren sein ganzes Vermögen in Aktien und machte dann zwanzig Jahre lang nichts. Bei seinem Tode hinterließ er das Dreißigfache seines Einsatzes (heute wäre es das Sechzigfache).

In diesem Falle konnten die Erben feststellen, daß er ein guter Spekulant war, gerade weil er nicht spekulierte. Er war ein erstklassiger Theoretiker und ich ein Praktiker, und deswegen hat er sich eher von mir beraten lassen und seine Theorien nur auf dem Papier durchgespielt. Hätte er mit seinen volkswirtschaftlichen Theorien gespielt, wäre er wahrscheinlich zugrunde gegangen.

Was soll man von Spekulanten halten, die behaupten, immer beim tiefsten Kurs zu kaufen und beim höchsten Kurs zu verkaufen?

Ganz einfach, daß sie Lügner sind.

Was ist für einen Börsenspekulanten am gefährlichsten?

Die halbrichtigen Informationen. Sie sind gefährlicher als die hunderprozentig falschen Informationen, denn eine halbe Wahrheit ist eine ganze Lüge. Falsch informierte Börsianer bleiben in ihrer Überlegung kritisch. Da falsche Informationen oft überraschend und provozierend sind, kontrolliert sie der vorsichtige Spekulant. Das Gefährlichste ist die falsche Interpretation einer richtigen Information, denn sie ist das Resultat einer falschen Überlegung und möglicherweise auch ein Mangel an Kenntnis der Materie. Falsche Interpretation einer falschen Information kann dagegen zu einem guten Ergebnis führen, da negativ mal negativ positiv ergibt.

Muß man über alle Einzelheiten wie Bilanzen, Dividende usw. informiert sein?

Wenn man über die Einzelheiten zuviel weiß, hat man keinen Überblick mehr über das Ganze. Vor lauter Bäumen sieht man den Wald nicht mehr. Man darf wenig wissen, aber muß alles verstehen. Börsenkunde ist das, was übrigbleibt, wenn man alle Einzelheiten schon vergessen hat. In den fünfziger Jahren gab es im amerikanischen Fernsehen eine Serie über die Börse. Unter den Kandidaten waren zum Beispiel eine alte Dame und ein Schuljunge die Gewinner. Sie wußten alles, absolut alles, was man aus Zeitungen, Büchern, Statistiken, kurzum aus allem, was gedruckt war, erfahren konnte. Aber nicht einer von ihnen hatte auch nur den kleinsten Erfolg an der Börse.

Ist es wichtig oder nützlich, vergangene Ereignisse zu analysieren?

Unbedingt wichtig. Wenn man schon die kommenden Ereignisse nicht voraussehen kann, soll man wenigstens die vergangenen verstehen. Es erleichtert künftige Überlegungen. Nach jeder erfolgreichen oder erfolglosen Spekulation soll der Börsianer seinen Erfolg oder Mißerfolg analysieren. Warum war die Spekulation richtig, welche Argumente waren gut, und wieviel Glück war noch dabei. Oder in entgegengesetzter Richtung: Warum war die Spekulation falsch, welche Argumente waren falsch, welche Imponderabilien sind dazwischengekommen, wo war die Fehleinschätzung.

Was ist für einen Börsianer am wichtigsten beim Verfolgen der Nachrichten in den Medien?

Alle Nachrichten und Ereignisse sind wichtig. Aus jedem Wort der Politiker kann man irgendeinen Schluß ziehen. Aber das Wichtigste ist, das zu erraten, zu verstehen und richtig zu analysieren, was hinter den Worten, Nachrichten oder Begebenheiten steht, welche Folgen die Ereignisse haben können. Sehr oft muß man auch erkennen können, was verschwiegen wird. Man muß also die Meldungen mit einer gewissen Skepsis entgegennehmen.

Was halten Sie von den Berichten über die Börse in den Zeitungen?

Die Zeitungskommentare über Börsen, deren Tendenz und so weiter sind nichtssagend. Ein amüsanter Text, den ich sehr häufig lesen kann, lautet etwa so: »Die Börse war heute schwächer durch die Verkäufe der Pessimisten, die für die weitere Entwicklung keine große Hoffnung haben. Dagegen waren die Käufer zurückhaltend, weil sie auf schwächere Börsen warten. So mußten die Kurse unter dem Druck der Abgaben und der schlechten Stimmung mehrere Punkte nachgeben.« Aus diesem ganzen Text ist für mich nur das erste Wort von Bedeutung: »Die Börse war heute schwächer.« Alles übrige ist überflüssig und selbstverständlich. In dem Wort »schwächer« ist alles enthalten.

Welche Bedeutung hat die Dividende, wenn man Papiere kaufen möchte?

Für viele Anleger wie zum Beispiel Pensionskassen, Stiftungen, Versicherungsgesellschaften und so weiter spielt die Dividende eine gewisse Rolle, weil sie eine permanente Einnahme haben müssen. Spekulanten hingegen, die auf weite Sicht planen, verfolgen die Entwicklung des Unternehmens bezüglich der Gewinne und analysieren die weiteren Gewinnchancen, ob sie steigen, fallen oder stagnieren können. Die Höhe der Dividende kann man mit den Zinsen des Kapitalmarktes vergleichen. Ob nun die Rendite höher oder tiefer sein sollte als die feste Verzinsung der langfristigen Anlagen, ist eine offene Frage. Es gab Zeiten, in denen die Anleger von Aktien eine höhere Rendite beanspruchten, als die Zinsen des Kapitalmarktes brachten, mit dem Argument, daß die Dividenden der Aktien für die Zukunft nicht gesichert seien, besonders in einer möglichen Wirtschaftskrise, im Gegensatz zu den Zinsen der Anleihen.

Dagegen gab es Zeiten, in denen sich die Anleger mit einer kleineren Rendite der Aktien begnügten, als die Zinsen am Kapitalmarkt waren, da sie am Wachstum teilnehmen wollten und die Entwicklung der Wirtschaft und der Unternehmen optimistisch beurteilten. Sie sahen im Aufrechterhalten der Dividenden kein Risiko, sondern rechneten im Gegenteil mit immer weiter steigenden Dividenden. Diese Erwartung von höheren Gewinnen und Dividenden nennen wir Spekulation. Wenn das Publikum und die Spekulanten bei einer Gesellschaft steigende Gewinne erwarten, vielleicht auch ohne steigende Dividende, kaufen sie in Massen diese Aktien. Wenn sie dagegen die Gefahr fallender Gewinne und sogar Dividenden sehen oder gar Verlust erwarten, verkaufen sie in Massen.

Zwischen den Gewinnen der Unternehmen und der geltenden Zinsen am Kapitalmarkt gibt es keine feste permanente Relation. Es gibt auch keine feste Relation zwischen Gewinnen, Dividenden und Kursen. Die Dividenden variieren weniger als die Gewinne und mehr als die Kurse. Auf einem Tiefpunkt der Kurse und der Depression ist die Rendite der Aktien relativ hoch und auf der Spitze einer Aufwärtsbewegung am geringsten. Die Aktien können also auch steigen oder fallen, wenn die Dividenden und Gewinne unverändert bleiben, aber die Zinsen auf dem Kapitalmarkt fallen oder steigen.

Wenn also die Kapitalmarktzinsen im Fallen begriffen sind, zu gleicher Zeit die Gewinne der Unternehmen steigen und alle anderen Einflußfaktoren nicht störend wirken, entsteht die Aufwärtsbewegung. Wenn dagegen die Kapitalmarktzinsen steigen und parallel dazu die Gewinne der Unternehmen fallen, gibt es die große Baisse. So sind diese drei Faktoren: Zinsen, Psychologie und Unternehmensgewinne, für die Börsenentwicklung ausschlaggebend.

Wie verläuft die Kursentwicklung?

Die Kurse entwickeln sich in folgender Weise: Die Börse steht tief, die Kurse sind nach einer vorherigen Aufwärtsbewegung wieder sehr tief gefallen. Der Grund ist, daß die Zinsen gestiegen waren und die Liquidität abgeschöpft wurde. Es gibt weniger verfügbares Geld, um Aktien zu kaufen (der Wasserspiegel in der großen Wanne steht tief), und bei den Anlegern herrscht ein gewisser Pessimismus bezüglich der wirtschaftlichen Entwicklung und der zu erwartenden Gewinne der Unternehmen. Die Papiere, die in der letzten Zeit bei fallenden Kursen von den Zittrigen in die Hände der Hartgesottenen veräußert wurden, liegen jetzt in festen Händen. Wenn nun auf weitere schlechte Nachrichten die Kurse nicht weiter zurückgehen, so ist das ein Beweis dafür, daß die Zittrigen alles ausverkauft haben. Die Hartgesottenen, in deren Händen die Papiere sich jetzt befinden, haben dagegen schon alle negativen Ereignisse ins Kalkül gezogen und auch, daß weitere schlechte Nachrichten eintreffen können. Der Markt kann auf diesem tiefen Niveau eine gewisse Zeit stabil bleiben, abgesehen von einigen kleinen Bewegungen, die ohne große Bedeutung sind. Es können auch Berichte über zurückgehende Gewinne und Dividenden eintreffen. Da sie aber schon vorweggenommen wurden, üben sie keinen Einfluß mehr aus.

Nach einer gewissen Zeit können wieder Nachrichten eintreffen über die Gewinne, die nicht schlechter geworden sind als erwartet, und die Notenbank setzt den Zins auf dem Geldmarkt herunter, um die Wirtschaft, die sich ja auch infolge der hohen Zinsen auf einer Talfahrt befindet, wieder anzukurbeln. Zu gleicher Zeit also wird durch sinkende Zinsen mehr Geld verfügbar, und die Relation zwischen Dividenden und Kapitalmarktzinsen wird für die Aktien günstiger. So kommen die ersten Spekulanten, die härtesten Profis, die Pioniere, die anfangen zu kaufen, natürlich bei schon steigenden Preisen; denn sonst würden die Aktien aus den festen Händen nicht herauskommen.

Zuerst kauft man wenig und langsam, doch bei steigenden Preisen, die dann auch die pessimistische Stimmung mildern, mehr. Dadurch kommen neue Interessenten, die Kurse gehen wiederum etwas in die Höhe, und eine gewisse Kettenreaktion setzt ein: weniger Pessimismus – neue Käufe – höhere Preise – Optimismus – weiter steigende Preise usw. So entwickelt sich die erste Phase einer Aufwärtsbewegung. Dazu trägt auch bei, daß die Preise vorher durch den großen Pessimismus womöglich tiefer gefallen sind als berechtigt. Die Renditen waren bei den niedrigen Preisen zu hoch, und eine Korrektur könnte so aussehen, daß entweder die Dividenden gekürzt werden oder die Kurse steigen. Da sich aber die wirtschaftliche Lage eher verbessert als verschlechtert, setzt ein Kursanstieg ein. So erreichen in der ersten Phase der Bewegung die Preise ein realistischeres Niveau als vorher. Ich nenne dies die erste Phase der Korrektur.

Unter dem Einfluß der fallenden Zinsen wird die Wirtschaft auch angekurbelt, und nun kommen neue Nachrichten über langsam steigende Gewinne. Die Kurse begleiten diese neue optimistischere und auch wirtschaftlich begründete Entwicklung und gehen langsam parallel mit den Ereignissen in die Höhe: fallende Zinsen, steigende Gewinne und dadurch eine viel bessere Stimmung. Dies nenne ich: die Phase der Begleitung. Die Kurse begleiten die Gesamtentwicklung.

Es kommen immer mehr Interessenten, Spekulanten und Spieler in den Markt. Auf einmal wird der Optimismus dank noch weiter fallender Zinsen und noch höherer Gewinne der Unternehmen fast euphorisch. Da springt die Bewegung von der zweiten in die dritte Phase über. Es kommen immer mehr Käufer, die die Kurse weiter in die Höhe treiben. Man sieht überhaupt keine Risiken mehr, es herrscht nur noch ein unbegrenzter Optimismus. Viele riechen den Braten und werden vom Spiel wie die Motten vom Licht angelockt, die Hausse nährt die Hausse. Dies nenne ich die Phase der Übertreibung.

Die Bäume wachsen nicht in den Himmel. Alle Zittrigen sind übersättigt mit Papieren, und wenn sie kein Geld mehr haben, kaufen sie auf Kredit. Da die Liquidität bei den Banken sehr hoch ist, geben diese den Kreditnehmern besonders günstige Bedingungen und stimulieren dadurch neue Käufe. Sie heizen damit die Aufwärtsbewegung an. Außerdem wollen die Banken größere Mengen von Papieren aus ihrem eigenen Bestand abladen.

Die Situation sieht nun folgendermaßen aus: Die Hartgesottenen haben ihre Papiere verkauft, die sich nun bei den Zittrigen befinden. Da eine solche Euphorie inflatorische Wirkung haben kann, wird die Notenbank vorsichtiger und beginnt, die Zinsen in die Höhe zu schrauben und die Liquidität abzuschöpfen. Die Papierbesitzer warten nun auf eine neue Schicht von Käufern, die die Aktien bei höheren Preisen abnehmen würden. Aber als Folge der Geldpolitik der Notenbank ist der Zufluß von frischem Geld gestoppt. Die Kurse steigen nicht weiter, selbst nicht bei guten Nachrichten aus der Wirtschaft (höhere Gewinne und Dividende). Da einige Spekulanten nicht höher verkaufen können, aber aus dem Markt heraus wollen, vielleicht auch Geld brauchen, verkaufen sie – am Anfang nur langsam und wenig – und verursachen dadurch negative Kursreaktionen, weil die Käufer ihr Kauflimit heruntersetzen. Das ist die erste Phase der Abwärtsbewegung. Langsam treffen auch schlechtere Wirtschaftsnachrichten ein (kleinere Gewinne, eventuell auch Dividendenkürzungen), und diese begleiten weiter fallende Kurse. Dies ist die zweite Phase der Abwärtsbewegung. Die fallenden Kurse und die schlechten Nachrichten machen die anderen ängstlich, und die Kettenreaktion, dieses Mal in umgekehrter Richtung, beginnt wieder: Die Kurse sind rückläufig – Angst – Verkäufe, die Kurse fallen weiter, und zum Schluß setzt Panik mit totalem Ausverkauf ein. Dies ist die dritte Phase der Abwärtsbewegung, die Phase der Übertreibung, denn die Kurse fallen unter dem Druck der Massenpsychologie noch tiefer, als es eigentlich berechtigt wäre. Fazit: Die Zittrigen verkaufen immer niedriger und niedriger, und die Hartgesottenen kaufen.

Je geschickter ein Spekulant ist, desto eher geht er gegen die allgemeine Tendenz. Er beginnt schon in der dritten Phase der Abwärtsbewegung zu kaufen, also gegen den Trend, und kauft sogar noch in der ersten Phase der Aufwärtsbewegung. Dann läßt er die Entwicklung laufen und fängt erst an zu verkaufen, wenn die Aufwärtsbewegung euphorisch wird.

Man muß jedoch immer damit rechnen, daß die dritte Phase der Aufwärtsbewegung am Ende explosiv werden kann. Für viele Spekulanten besteht die große Gefahr darin, zu glauben, mit dem Verkauf einen Irrtum begangen zu haben. Ihr Schmerz ist groß, denn sie rechnen jeden Tag dem versäumten Gewinn nach. Sie entschließen sich dann plötzlich, wieder einzusteigen. Wenn viele von denen, die verkauft hatten, wieder einsteigen, kommt die große Wende. Ein altes Börsengesetz sagt: Wenn die verbissensten Baissiers auf einmal optimistisch werden, ist es das Signal, aus dem Markt herauszugehen. Genau wie umgekehrt: Wenn die leidenschaftlichen Optimisten auf einmal pessimistisch werden, muß man in den Markt einsteigen.

Der permanente Kreislauf der Börse in der Nußschale

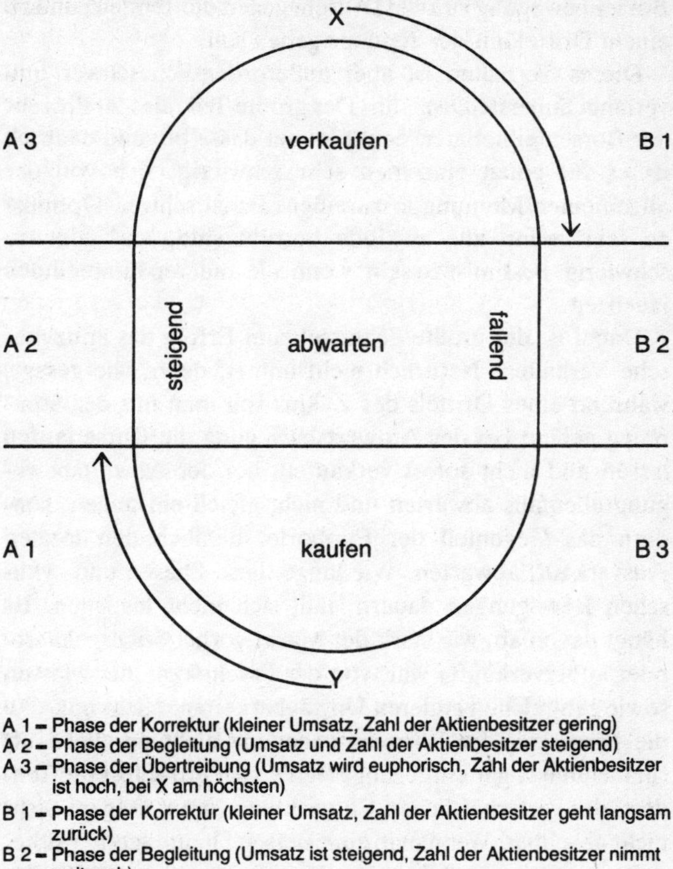

A 1 – Phase der Korrektur (kleiner Umsatz, Zahl der Aktienbesitzer gering)
A 2 – Phase der Begleitung (Umsatz und Zahl der Aktienbesitzer steigend)
A 3 – Phase der Übertreibung (Umsatz wird euphorisch, Zahl der Aktienbesitzer ist hoch, bei X am höchsten)
B 1 – Phase der Korrektur (kleiner Umsatz, Zahl der Aktienbesitzer geht langsam zurück)
B 2 – Phase der Begleitung (Umsatz ist steigend, Zahl der Aktienbesitzer nimmt weiter ab)
B 3 – Phase der Übertreibung (ganz großer Umsatz, Zahl der Aktienbesitzer ist niedrig, bei Y am niedrigsten)

Kaufen in der Phase A 1 und B 3
Abwarten und Papiere halten in der Phase A 2
Verkaufen in den Phasen A 3 und B 1
Abwarten und Bargeld halten in der Phase B 2

Nach der Analyse dieser drei Phasen in der Auf- und Abwärtsbewegung wird klar, daß man bei der zyklischen Börsenbewegung zu zwei Dritteln gegen die Tendenz und zu einem Drittel mit der Tendenz gehen soll.

Dieses Verhalten ist aber außerordentlich schwer und verlangt äußerste Disziplin. Der größte Teil, also 90 Prozent der Börsenteilnehmer, denkt immer dasselbe, und dadurch ist es für einen einzelnen sehr schwierig, sich von der allgemeinen Meinung loszureißen. Es ist schwer, Optimist zu sein, wenn alle zu Tode betrübt sind, und genauso schwierig, Pessimist zu sein, wenn alle anderen himmelhoch jauchzen.

Dabei ist der größte Schlüssel zum Erfolg das antizyklische Verhalten. Natürlich nicht immer, denn, wie gesagt, während eines Drittels des Zyklus soll man mit der Stimmung gehen: bei der Aufwärtsbewegung die Kurse laufen lassen und nicht sofort verkaufen, bei der Abwärtsbewegung ebenfalls abwarten und nicht gleich einsteigen, sondern das Gegenteil der Euphorie, nämlich den totalen Ausverkauf, abwarten. Wie lange diese Phasen und zyklischen Bewegungen dauern, läßt sich nicht festlegen. Es hängt davon ab, wie stark der Markt vorher »übergekauft« oder »überverkauft« war, von der Psychologie der Massen sowie zahlreichen anderen Unwägbarkeiten. Nicht nur, daß die Börse mit der Wirtschaftstendenz nicht parallel läuft (manchmal sogar entgegengesetzt), sondern selbst die Tendenz der wirtschaftlichen Entwicklung ist auf längere Sicht nicht absehbar. Wenn man zum Beispiel heute schon wüßte, daß im nächsten Jahr eine Hochkonjunktur stattfinden wird, dann würde sich schon jetzt jeder darauf einstellen.

Wenn ein Computer mit absoluter Sicherheit feststellen könnte, daß ein Papier nächstes Jahr hundert stehen wird, dann steht es schon heute 99.

Muß man also immer gegen die Tendenz handeln?

Nicht unbedingt. Man darf nicht immer und mit Gewalt gegen die Tendenz gehen. Am Anfang muß man gegen die Tendenz einsteigen, dann mit der Tendenz gehen und zum Schluß gegen die Tendenz handeln. Die Periode, in der man mit der Tendenz geht, ist wie gesagt relativ kurz, nur etwa ein Drittel der ganzen Bewegung.

Wie kann man die Länge der Perioden abschätzen?

Es gibt keine wissenschaftliche Methode, zu berechnen, wann eine Phase in die andere umschlägt, und noch weniger Wahrscheinlichkeit, um kalendarisch genau zu berechnen, wann die Wende kommt. Eine Aufwärtsbewegung kann jahrelang dauern oder auch nur Monate. Diese Einschätzungen muß man selbst vornehmen aufgrund der Erfahrungen und der Symptome. Ich muß ununterbrochen wiederholen, daß Börsentendenzvoraussagen nicht eine Wissenschaft, sondern eine Kunst sind. Wer Börsenkurse oder -tendenzen mit wissenschaftlichen Methoden voraussagen will, ist entweder ein Scharlatan oder ein Dummkopf oder beides zur gleichen Zeit.

Kann man mit einem Automatismus im Zusammenhang zwischen Zinsen und Börsentendenz rechnen?

Der Preis für Kredite, Zinsen also, ist das wichtigste Faktum für die Wirtschaft – und natürlich für die Börse.

Es ist also verständlich, daß kurzfristige Spieler jeden Tag gebannt auf die Zinsentwicklung starren wie das Kaninchen auf die Schlange. Lächerlich ist aber, daß sie nicht die weitere Zinsentwicklung analysieren wollen und die Faktoren, die darauf Einfluß haben, sondern lediglich aus der Geldmenge, die jede Woche publiziert wird, einen Fetisch gemacht haben. Noch vor kurzer Zeit standen jeden Donnerstag die Makler oder ihre Laufburschen vor der Federal Reserve Bank (FED) in New York Schlange, wo um 16.15 Uhr die neuesten Zahlen veröffentlicht werden.

Stieg die Geldmenge etwas mehr als geschätzt, kletterten sofort die Zinsen, fielen die Anleihenkurse, weil die Geldmengenfetischisten eine Gegenreaktion der Notenbank erwarteten. Manche Firmen schickten ihre Angestellten schon Stunden vorher zur FED für den Fall, daß schon etwas früher eine Nachricht heraussickern sollte. Eine Minute Vorsprung kann nämlich für einen Großspekulanten Millionen bedeuten, wenn anschließend Milliarden am Markt der *Financial Futures* (Staatsanleihen auf Termin) bewegt werden. Die Atmosphäre ist so weit entartet, daß die Profis nicht nur auf Zahlen der Geldmenge, sondern sogar auf Schätzungen spielen. Sie schätzen, wie die anderen Händler die Geldmenge setzen könnten. Also eine Schätzung im Quadrat. Und man macht Wetten darauf in Tausenden von Dollars. Die Hysterie entwickelte sich erst recht, nachdem der FED-Vorsitzende Volcker erklärt hatte, er werde die Geldmenge als Waffe gegen die Inflation benützen.

Volckers Einfluß ist sicherlich nicht hoch genug einzuschätzen. Man sagt oft mit Recht, er sei der zweitmächtigste Mann in den USA.

Zumindest den kurzfristigen Zins kann die Notenbank in den USA wie auch in der Bundesrepublik fast nach Belieben diktieren. Sie kauft oder verkauft Schatzanweisungen und pumpt somit Geld in die Wirtschaft hinein oder entzieht es ihr. Das hat natürlich auch Einfluß auf die Börse, und weil die Liquidität auf die Märkte eine ganz fatale Wirkung ausübt, sind alle Spieler und Spekulanten brennend daran interessiert, wie das *Federal Open Market Committee* (FOMC) entscheidet. Dieses Gremium, zusammengesetzt aus den wichtigsten Notenbankgouverneuren, bestimmt den Kurs. Wie schön wäre es, meinten viele, in dem Sitzungssaal eine Wanze zu verstecken, um aus den Debatten dieser Herren zu erfahren, ob eine harte oder leichte Geldpolitik zu erwarten ist. Weil man aber eben keine Wanzen hat, wird jedes Wort gierig erlauscht, das der kleinste Beamte der Federal Reserve fallenließ, und sei es nur der Pförtner. Man lief allem Klatsch nach und versuchte sogar, aus dem Gesichtsausdruck der Komiteemitglieder, die nach der Sitzung im Fernsehen erschienen, etwas herauszulesen. So ein perverses Spiel halte ich jedoch für den größten Unsinn.

Auch in der Bundesrepublik riefen Hunderte von Börsenteilnehmern und Anlageberatern aus allen Himmelsrichtungen ihre Maklerfirmen an, um zu erfahren, wie die neuesten Geldmengenzahlen gemeldet waren. Dabei sind diese Geldmengenzahlen nur Eintagsfliegen, denn eine Woche später kommen wieder ganz andere. Diese Geldmengenspekulation war (und bleibt) in meinen Augen ein Zeichen intellektueller Armut. Die eine Hälfte der Experten prophezeite steigende, die andere Hälfte fallende Zinsen.

Die Spieler zum Beispiel verkauften Papiere wegen der größeren Geldmenge, weil sie darauf höhere Zinsen erwarteten. Doch andererseits kann die Börse ohne ausreichende Liquidität nicht steigen. Auch müssen die langfristigen Zinsen, welche die Anleihenkurse und nachher die Tendenz der Aktienkurse bestimmen, auf höhere, kurzfristige Zinsen nicht unbedingt mit einer Erhöhung reagieren. Denn die langfristigen Zinsen hängen im Gegensatz zu den kurzfristigen nicht von der FED ab, sondern von dem Vertrauen zu dem Schuldner, zu der Währung, Finanzpolitik usw. Aber nicht einmal die kurzfristigen Zinsen kann man aus den wöchentlichen Geldmengenzahlen schließen, erstens, weil Mr. Volcker selber nicht weiß, wie seine Absichten in drei

Monaten sein werden, und zweitens, weil er seine Absichten tunlichst für sich behält.

Er bleibt eine Sphinx. Vielleicht konvenieren ihm eine größere Geldmenge und tiefere Zinsen, um die Wirtschaft anzukurbeln, oder höhere Zinsen, weil er irgendeine Inflationsgefahr wittert. Seine Entscheidung kann auch, obwohl nicht wahrscheinlich, eine politische Motivation haben. Er spielt also mit den Spekulanten wie die Katze mit den Mäusen. Mal sagt er, was er wirklich beabsichtigt, mal gerade das Gegenteil davon. Genauso, wie es in einem klassischen Witz heißt: Zwei Handelsreisende und scharfe Konkurrenten sitzen im Zug. »Sag, lieber Kollege, wohin fährst du jetzt«, fragt der eine. »Nach Tschernowitz«, ist die Antwort. »Du lügst«, braust der andere auf. »Du sagst Tschernowitz, damit ich glaube, du fährst nach Tarnopol, aber ich weiß, daß du nach Tschernowitz fährst, du bist doch ein Lügner.«

Beachten die Spekulanten in den USA die Wahlchancen der Präsidentschaftskandidaten?

Ich mache nicht gerne Börsenprognosen in Verbindung mit Wahlvoraussagen. Ich habe zu viele Wahlen erlebt, um nicht immer ein wenig skeptisch zu sein. Und selbst, wenn ich den Wahlausgang im voraus wüßte, könnte ich nicht erraten, wie die psychologische Reaktion des Anlagepublikums darauf sein wird. Alles ist in der Politik möglich, die günstigsten oder auch die dramatischsten Überraschungen. Ich kann sogar den Meinungsforschungen nicht glauben, denn ich habe schon exakte Resultate, aber auch total falsche Voraussagen erlebt. Seit 52 Jahren verfolge ich die amerikanischen Wahlen, sogar mit der Brieftasche. 1932 konnte man noch bei den Wall-Street-Börsenmaklern offiziell auf die Wahlen setzen. Ich mußte 5000 (damalige)

Dollar bei der Firma hinterlegen (eine hübsche Summe damals), um nur 1000 Dollar zu gewinnen, als Franklin D. Roosevelt gegen Herbert Hoover gewählt werden sollte. Seine Wahl erschien höchstwahrscheinlich wegen der Hoover-Krise, der größten Wirtschaftskrise der amerikanischen Geschichte. 1936 standen die Wetten zugunsten Roosevelts mit 10:1 noch günstiger dank des spektakulären Erfolgs, mit dem er das Land vor der Katastrophe und das kapitalistische System retten konnte. Dann aber kam 1940. Amerika war zwar neutral, England und die freie Welt des Westens aber im Zweiten Weltkrieg und in großer Gefahr. Gegen Roosevelt stand eine heterogene, jedoch sehr potente Koalition: die gutgläubigen Pazifisten, viele alte zittrige Leute, die Angst hatten, Roosevelt könnte Amerika in den Krieg reißen (sie hatten ja eigentlich recht), die Irländer aus Haß gegen England, die Pronazis, die engagierten Antisemiten, die Großkapitalisten inklusive Wall Street und viele Konservative, nur weil es gegen die Tradition war, zum drittenmal zu kandidieren (seit Washington kandidierte jeder nur zweimal). Bei dieser mächtigen Koalition waren natürlich Roosevelts Chancen viel kleiner als vorher: Ich glaube, die Wetten standen nur 2:1 für ihn. Er wurde dennoch gewählt und 1944 auch zum viertenmal, weil die Amerikaner während des Krieges keinen Wechsel wünschten. Ich habe bei jeder Wahl auf Roosevelt gesetzt und gewonnen.

Die Fachleute für Wahlwetten schworen darauf, es wäre eine sichere Wahl, auf den Favoriten der letzten Wochen zu wetten – egal in welchem Verhältnis –, weil sich dann der allgemeine Konsensus bereits vollkommen herauskristallisiert hätte. Es gäbe dann keine Überraschungen mehr. Glücklicherweise war ich 1948 während der Wahlen nicht in Amerika, als die Wahlen zugunsten Thomas E. Dewey gegen Harry S. Truman 25:1 standen, so sicher war Deweys Wahl. Die Proportion war übertrieben, aber es gab keinen Zweifel mehr an dem zu erwartenden Resultat. Ich hätte natürlich auch auf Dewey gesetzt und dabei mein Hemd verloren, denn nicht nur an der Börse, sondern auch in der Politik gibt es unangenehme Überraschungen. Es war nicht zu glauben, aber Truman gewann die Wahlen.

Dwight D. Eisenhower war der große Held des Zweiten Weltkrieges. Der Sieg war leicht für ihn.

John F. Kennedy besiegte Richard Nixon dank seiner Fernsehdebatte, er war jung, schön, brillant, und Nixon wirkte verkrampft.

Lyndon B. Johnson hatte einen sehr schwachen Gegner, den unpopulären Rechtsextremisten Barry Goldwater.

Nixon gewann später, aber gegen den schwächsten Kandidaten der US-Geschichte, den Linksextremisten George McGovern. Außerdem war Nixon der Protegé von Eisenhower.

Jimmy Carter verdankte seinen Aufstieg seinem Puritanismus und der Gegenreaktion nach dem korrupten Tricky Dicky (Nixon) und der Watergateaffäre. 1980 schließlich brachte die Reaktion Ronald Reagan den Sieg nach dem schwachen, unentschiedenen Erdnußbauern Carter, den man für einen Dummkopf hielt (was er jedoch nicht war).

Reagan war der richtige starke Mann, der Patriot, um die vielen Erniedrigungen des amerikanischen Volkes, zum Beispiel die Teheraner Geiselnahme, wieder wettzumachen. Der alte Cowboy konnte die amerikanische Wirtschaft, die Inflation, den Arbeitsmarkt mit seinem Lasso fest im Griff halten.

Die Präsidenten kommen und gehen, aber der so vielen verhaßte Onkel Sam bleibt. Ein Glück, daß die Weltpolitik nicht in deutschen Pressestuben, sondern in Washington gemacht wird.

Was würden Sie als Anlage vorziehen: Aktien oder Immobilien?

Die Welt der Sparer gleicht einer Demokratie mit Zweiparteiensystem: Die eine Partei ist die der Immobilienanhänger, die andere die der Freunde von Mobilwerten (Aktien oder Anleihen). Es handelt sich fast um zwei verschiedene Bekenntnisse, so tief sind die Prinzipien verankert. Eine jede Partei führt gute Argumente ins Feld , von den Nachteilen der beiden Anlageformen sprechen beide indessen weniger.

Ein Nachteil der Aktienanlage ist, daß der Anleger die Kurse seiner Aktien täglich verfolgen kann und dies zu seinem größten Schaden auch tut. Auch wenn er gar nicht hinsehen will, reiben ihm die Tagespresse, Fernsehen und Radio die Kurse unter die Nase. Ganz zu schweigen davon, daß im Falle eines größeren Rückfalles die Schlagzeilen schon für Information sorgen.

So macht der Sparer – nolens volens – jeden Tag Bilanz, und das reizt zu unüberlegten Entscheidungen. Vergebens kaufte er die Aktien, wie er es behauptet, für seinen Ruhestand oder für seine Enkelkinder – also auf ganz lange Sicht. Sogar wenn er nur eine Aktie besitzt, wird er die Kurse täglich verfolgen.

Bei den Immobilienanlagen besteht diese Spannung nicht. Es gibt da keine sichtbaren Kursschwankungen, die auf den Nerven wie auf den Saiten einer Harfe spielen könnten. Und doch ist der effektive und erzielbare Wert eines Hauses, einer Wohnung oder eines Grundstückes im Laufe der Zeit großen Schwankungen unterworfen. Nur weiß der glückliche Immobilienbesitzer davon nichts. Er schläft ruhig auf seiner Anlage und bilanziert sie in seinem Kopf mindestens zu seinem Kaufpreis, aber fast immer höher aufgrund der Gerüchte und des Klatschs der Nachbarn, die ihre ähnlichen Immobilien immer hoch einschätzen, obwohl es sehr fraglich ist, ob einer zum Beispiel eine Immobilienbeteiligung, die er für 100000 DM erworben hat, einige Monate später ohne Verlust loswerden könnte. Ganz zu schweigen von den immensen Spesen und Provisionen, die einen großen Prozentsatz ausmachen. Nicht aus dem Kursblatt, sondern in der eigenen Tasche erfährt man dann, was die Anlage tatsächlich wert ist.

Ein Vorteil der Aktienanlage ist die absolute Liquidität. Die Aktien purzeln und klettern, aber jeden Tag können sie an der Börse wieder zu Geld gemacht werden, mal mit Gewinn, mal mit Verlust, aber in jeder Menge liquidierbar.

Vor ca. dreißig Jahren hinterließ nach seinem Tod Baron M. R., damals einer der reichsten Männer Europas, eine Erbschaft von etwa 300 Millionen Pfund Sterling (heute könnten dies nach der Kaufkraft fünf Milliarden DM sein). Ich glaube, der größte Teil davon war in Wertpapieren. Das Liquidieren dieser Menge von Wertpapieren war wahrscheinlich eine Sache von einigen Tagen. Mit dem Abstoßen einer Immobilienanlage muß man sich schon länger gedulden, vor allem, wenn es sich um Wälder oder Felder handelt. Der Aktienbesitzer kann überdies schon mit relativ kleinen Beträgen sein Risiko verringern, indem er eine Palette von verschiedenen Aktien in verschiedenen Ländern kauft. Seine Anlagen kann er international und nach vielen verschiedenen Branchen streuen. Bei Immobilien ist das nur mit ganz hohen Summen möglich.

Das politische Risiko ist bei Immobilienwerten auch relativ größer, denn unter den Wählern gibt es stets mehr Mieter als Hausbesitzer. Welche Regierung möchte nicht eher die Mieter schützen, und dies zum größten Ärger der Hausherren. Fast in allen Ländern der Welt gab es jahrelang und gibt es noch immer einen recht populären Mieterschutz, der jahrelang auf den Immobilienmarkt gedrückt hat. Vor etwa zwanzig Jahren verloren die Konservativen in England bei den Parlamentswahlen, weil sie die Mietkontrolle abgeschafft hatten.

Es ist wahr, daß in den siebziger Jahren Aktienbesitzer heftig gerupft wurden, während Immobilienbesitzer von den stetig steigenden Preisen reichlich profitierten. Das ist jedoch keine Garantie, daß es auch in Zukunft so sein wird. Oft haben in den letzten sechzig Jahren auch Immobilienspekulanten ihr letztes Hemd verloren, in USA, Frankreich, Spanien und sogar in der Schweiz und in der Bundesrepublik. In Deutschland herrschte während vieler Jahre ein außerordentlicher Immobilienboom, teilweise auch infolge des Neuaufbaus eines zerstörten Landes. Das muß aber nicht immer so bleiben.

Trotzdem bin ich der Überzeugung, daß für den kleinen Sparer das erste Gebot für die Geldanlage der Ankauf einer Eigentumswohnung ist, die er selbst bewohnt. Damit hat er seine ersten Ersparnisse inflationssicher angelegt. Und das gilt besonders in den sozialistischen Ländern, die auch unter der Inflation gelitten haben und außerdem noch immer unter großer Wohnungsnot leiden.

Ein weiterer Vorteil der Immobilienanlagen gegenüber dem Aktienbesitz – für den Fall, daß der Ankauf mit Krediten getätigt wurde – ist der, daß die Schuld auf eine Immobilie auf viele Jahre und mit festen Zinsen festgelegt wird, während Kredite auf Aktiendepots täglich kündbar und Zinsschwankungen unterworfen sind.

Was die Anlage größerer Kapitalien anbelangt, bleibt die Kontroverse noch offen. Ich bin ein Mann der Börse und optiere daher für die Anlage in Wertpapieren. Wohl kenne ich den französischen Spruch: »Dumm wie ein Aktionär.« Nach den Erfahrungen der letzten Jahre nehme ich mir das Recht, den Spruch zu ändern in :»Clever wie ein Aktionär.«

Gibt es ernsthafte Insiderinformationen, und was halten Sie davon?

Es gibt solche und solche. Schon vor fünfzig Jahren lernte ich, was eine Insiderinformation wert sein kann. Ich war Mitarbeiter einer Firma, unter deren Kunden sich Signore Bingen befand, ein Exbankier aus Genua, der Schwiegervater von André Citroën, dem genialen französischen Autoindustriellen. Er kaufte bei uns Citroën-Aktien, noch und noch, und diese stiegen langsam, aber sicher in die Höhe. Wer hätte über die Citroën-Aktien besser informiert sein können als Signore Bingen, und so traute ich mich in eine kleine Spekulation mit Citroën-Aktien gemäß meinen Mitteln. Es war nicht zu glauben, aber sechs Monate später ging Citroën in Konkurs, obwohl das Unternehmen 6 Monate früher noch 50 Franc Dividende zahlte. Nach dem Konkurs konnte es nicht einmal seine fälligen Wechsel bezahlen. Dies war zwar keine Insiderinformation, aber im großen und ganzen gleichwertig. Die Gesellschaft ging pleite, und Monsieur André Citroën ist als armer Mann gestorben. Wie man später erfuhr, war dies nicht die Folge mangelnder Qualität des Unternehmens und seiner Produkte, die auch heute noch zu den besten Wagen der Welt zählen, sondern stand im Zusammenhang mit dem Charakter von André Citroën. Er war einer der begabtesten Großindustriellen Frankreichs, phantasievoll und optimistisch, und arbeitete mit großen Krediten. Leider wählte er sich schlechte Gläubiger aus. (Oft glaube ich, daß es wichtiger ist für einen Schuldner, einen guten Kreditgeber zu finden, als für den

Gläubiger, einen guten Schuldner.) Citroën war auch ein großer Hasardspieler und hat an Wochenenden in Deauville groß Baccara gespielt. Als zwei große Privatbanken, die seine Kreditgeber waren, dies erfuhren, haben sie ihm plötzlich und radikal die Kredite gekündigt. Und so kam es zur Katastrophe für ein blühendes Unternehmen.

Das konnte auch Signore Bingen nicht voraussehen, der für seinen Schwiegersohn eine unbegrenzte Bewunderung hatte. Wie hätte ich es voraussehen sollen? Ich mußte einen ganz hübschen Verlust hinnehmen.

Später habe ich meine Erfahrungen auf beiden Seiten gemacht. In meinen 65 Jahren Börsenleben profitierte ich zweimal, weil ich Insiderinformationen befolgt habe, und zweimal, weil ich genau das Gegenteil von dem machte, was ich nach der Information hätte tun sollen. Und unzählige Male hatte ich wegen Insiderinformationen Verluste.

Ich profitierte einmal von einer Insiderinformation, besser gesagt, ich konnte dank einer solchen Information, die ich mir selbst besorgte, einen großen Verlust vermeiden. Ich interessierte mich während des letzten Krieges in New York für europäische Regierungsanleihen, besonders solche, deren Schuldnerländer von der deutschen Armee besetzt waren.

Das war auch der Fall bei den Schuldnerscheinen des Königreichs Dänemark, die an der New Yorker Börse gehandelt wurden. Die Zinscoupons wurden bezahlt, aber die Frage blieb offen, ob eine sich gefährlich nähernde Rückzahlung möglich sei oder nicht. »Zahlen oder nicht zahlen« war hier die Frage für die dänische Regierung. Es handelte sich um sechsprozentige Gutscheine, die an der Börse 60 Prozent des Nominalwertes notierten und die in sechs Monaten zu hundert eingelöst werden sollten. So ein anomaler Abschlag war für eine Anleihe dieser Qualität nicht denkbar, um so weniger, als die Schuldnerin, die dänische Regierung, in US-Banken einen großen Betrag an Dollars besaß.

Ich hatte von diesen Papieren schon ein kleines Paket zu einem Kurs 30:40 gekauft. Warum sollte man sie schon zu dem damaligen Kurs von 60:70 verkaufen, wohin sie langsam kletterten, wenn man in einigen Monaten einfach zum Schalter würde gehen können, um sie zu hundert einzulösen. In der Welt der Finanzen ist alles möglich, und der Appetit eines Spekulanten ist unbegrenzt.

Ich hatte einen Nachbarn, René de Bourbon-Parma (Bruder der noch heute lebenden Kaiserin Zita), der der Schwiegersohn des Königs von Dänemark war. Ich hatte ihm einen Vorschlag gemacht, natürlich mit einem schönen Honorar, den er auch mit Freude akzeptierte: Er sollte nach Washington fahren, dort den Botschafter von Dänemark, den er gut kannte, aufsuchen und sich bei ihm erkundigen, ob diese fraglichen Anleihen am 1. Dezember 1941 bezahlt werden sollten oder nicht. Zum festgesetzten Tag, zur festgesetzten Stunde rief mich der Prinz aus Washington an (Pünktlichkeit ist die Höflichkeit der Könige): »Die Anleihen werden nicht bezahlt!« Es war zwar nichts faul im Staate Dänemark, die Dänen hätten genügend Dollars in den USA, um ihre Schuldscheine einzulösen, aber sie hätten ihre Kassen leeren müssen und für andere Anleihen mit späterer Fälligkeit, die noch im Umlauf waren, keine Zinsen mehr zahlen können. Die Zinsen für die sechsprozentigen Anleihen sollten auch weiter bezahlt werden, aber nicht das Kapital.

Ich konnte nun meine dänischen Papiere sehr günstig verkaufen, weil sie nur einen Monat vor Fälligkeit weiter in die Höhe stiegen und sogar 90 erreichten, wo ich dann die Courage hatte, auch leer zu verkaufen. Der Kurs hielt sich zu meiner Überraschung, ich begann sogar, an meinem

Prinzen zu zweifeln. Doch es dauerte nicht lange, da erschien eines Morgens in der New York Times eine große Annonce mit dem Text: »Die Regierung von Dänemark bedauert, es ihren Gläubigern schweren Herzens mitteilen zu müssen, daß ...« Der Rest war all das, was ich schon von dem Prinzen erfahren hatte. Die Anleihen stürzten auf 40 Prozent, meine Insiderinformation war von Erfolg gekrönt.

Aber seither traue ich nicht mehr der dritten Strophe, Psalm 143, König David, der besagt: »Verlasset euch nicht auf Prinzen.«

Ich hatte immer eine Schwäche für Spekulationen mit Anleihen, besonders mit Staatspapieren, und es gab auch Gründe dafür. Bei der Aufstellung eines Spekulationsplans spielen alle möglichen Gründe eine Rolle. Der »Steckbrief« einer Anleihe ist viel leichter festzustellen als der einer Aktie. Man kann den theoretischen Wert einer Obligation genauer abschätzen. Die Einflußfaktoren sind einfacher zu bestimmen: Die Kreditfähigkeit des Schuldners, der Zinssatz, die Zukunftsaussichten der Währung, auf die die Schuld verbrieft ist, die Zahlungsbedingungen, die eventuelle hypothekarische Sicherheit, alle in Frage kommenden Klauseln, ebenso der Geldmarkt für kurzfristige und der Kapitalmarkt für langfristige Kredite, die Auswirkung der Innen- und Außenpolitik, die Einnahmen und Ausgaben des staatlichen Schuldners müssen in Betracht gezogen werden und noch viele andere Komponenten, die der Beobachter mehr oder weniger kontrollieren und verfolgen kann.

Dagegen ist es fast unmöglich, auch nur annähernd den echten Wert der Aktie einer Erdölgesellschaft zu bezeichnen – auch nicht durch die gründlichste Analyse, die genaueste Prüfung der Bilanzen oder des Geschäftsberichts. Ich möchte sogar behaupten, daß man aus einer Bilanz manchmal sogar die falschesten Schlüsse ziehen kann.

Will man bei den Staatsanleihen eine Diagnose stellen, so scheinen mir die entscheidenden Elemente leichter zu erkennen zu sein: Frieden oder Krieg, Sieg oder Niederlage, Revolution oder sozialer Friede, Zahlungsbilanz, Handelsbilanz usw. Überdies hat sich mein Interesse immer besonders den notleidenden oder schwachen Obligationen zugewandt. Eine Besserung der Situation des Schuldners kann eine raketenartige Obligationenhausse auslösen: Das war der Fall während des Krieges bei den amerikanischen Eisenbahnen oder bei den deutschen und japanischen Anleihen nach dem Krieg.

Nach dem Krieg war ich von einem unerschütterlichen Optimismus über die weitere Entwicklung Europas durchdrungen und warf mich auf die Spekulation mit europäischen Staatsanleihen, die als Folge des Krieges sehr tief gesunken waren. Neben belgischen, norwegischen, dänischen und deutschen Obligationen hatte ich auch gewisse französische Anleihen, da ich der Überzeugung war, daß nach dem Chaos auf diesem Markte sich alles wieder normalisieren würde. Es gab Schuldner unter den Staaten und Regierungen, die ihren Verpflichtungen schnell nachkamen oder sie jedenfalls ordneten, andere dagegen ließen sich lange an den Ohren ziehen, bis sie sich endlich zur Zahlung ihrer Verpflichtungen entschlossen.

Die Ereignisse rechtfertigten meinen Optimismus. Auf der ganzen Linie erfolgte eine brillante Aufwertung bei all diesen Papieren. Nur mit einer bestimmten Kategorie französischer Anleihen erlebte ich eine Panne.

Es war eine kurz vor dem Krieg im Jahre 1939 vom Bankhaus Mendelssohn und Co., Amsterdam, aufgelegte Anleihe zu einem Zinssatz von 3 3/4 Prozent. Die genauen

Emissionsbedingungen waren ganz genau im vollen Wortlaut auf der Rückseite der Papiere angegeben: Die französische Regierung verpflichtet sich zur Zahlung der Zinsen und des Kapitals an den jeweiligen Inhaber, selbst im Falle eines Krieges, einer Revolution, von Umstürzen aller Art in Schweizer Franken, holländischen Gulden oder Dollars nach Wahl des Inhabers. Kurz, und wenn die Erde bebte, der Himmel donnerte oder es Überschwemmungen geben sollte: Die französische Regierung würde zahlen, in Genf, Amsterdam oder bei der Bank für Internationalen Zahlungsausgleich in Basel (BIZ).

Kaum aber war der Waffenstillstand unterzeichnet, da widerrief die französische Regierung alle Klauseln, alle schwarz auf weiß vorher festgelegten Versprechungen und war nur bereit, in französischen Francs zu zahlen und zu einem mit Gewalt festgelegten Kurs, der durch die Zwangswirtschaft nur zu 10 Prozent des tatsächlichen internationalen Kurses festgelegt wurde.

So sanken diese Obligationen (in Genf und Amsterdam) auf einen jammervollen Kurs von 10 bis 20 Prozent. Ich war der Überzeugung, daß die eine Unterschrift der französischen Regierung tragende Anleihe ihre Gewichte in Gold wert sei. Niemals zuvor hatte Frankreich versucht, sich seiner Schuld zu entledigen. War es nicht das einzige Land der Welt gewesen, das sogar die Goldklausel einhielt, während alle anderen Staaten einschließlich der USA und Großbritannien sich nicht gescheut hatten, sie aufzuheben? Infolgedessen kaufte ich eine größere Anzahl dieser Anleihen. Es gab für mich keinen Zweifel, daß die französische Regierung, sobald die Situation wieder normal wäre, nicht würde umhinkönnen, ihren formellen Verpflichtungen nachzukommen, die Zinsen und das Kapital (das schon fällig war) in Schweizer Franken, Gulden oder Dollars zu zahlen.

Ich beschloß daher, mich an die kompetenteste Stelle, das Finanzministerium, zu wenden. Vor dem hohen Beamten, der mich liebenswürdig empfing, hielt ich folgende Rede: »Sehr verehrter Herr Fiskus, ich bin ein Börsenprofi von Wall Street. Meine Spezialität sind europäische Staatsanleihen, die ich während des Krieges und auch nachher angekauft habe, weil ich ganz einfach zu den Schuldnern Vertrauen hatte. Mein unerschütterlicher. Optimismus sagte mir, daß Frankreich, sobald es in der Lage sein würde, sich als Dame von Welt erweise, die ihre Schulden bezahlt.

Alle diese Obligationen wurden eine nach der anderen auf Heller und Pfennig bezahlt. Selbst die Anleihen der kommunistischen Länder wurden zu einem vernünftigen Satz reguliert. Nur einen Mißklang mußte ich erleben: Ihre dreidreiviertelprozentige Mendelssohn-Anleihe, auf der ich sitzengeblieben bin. Sie kennen ja alle Klauseln: überall zahlbar in Schweizer Franken, Gulden oder Dollars.« Ich merkte, daß mein Gesprächspartner den Eindruck eines anständigen Menschen machte, der auf frischer Tat ertappt worden war: »Zweifellos, aber Sie kennen die Lage. Die Zeiten sind hart, es fehlt uns nicht an gutem Willen, sondern ganz einfach an Devisen.«

»Das weiß ich wohl, doch habe ich eine Möglichkeit im Auge, und vielleicht können Sie mir behilflich sein.«

»Bitte sehr, ich höre.«

»Der Fiskus zahlt mir den gesamten Gegenwert der Anleihen in Sperrfrancs aus, das heißt, daß diese Francs nur in Frankreich und für gewisse Transaktionen verwendbar sind (solche Sperrfrancs existierten im Devisenhandel und wurden auf dem freien Markt zirka 5–10 Prozent unter dem normalen amtlichen Preis gehandelt).«

Ich wußte also, daß ich für diese Francs in Wall Street Abnehmer finden würde. Die Transaktion blieb für mich noch immer interessant: Der Fiskus brauchte keine Devisen auszugeben, während ich 90 Prozent des Nominalwertes kassierte.

»Ich bin einverstanden«, antwortete die Behörde, »denn der Vorschlag scheint mir recht. Wie viele dieser Obligationen besitzen Sie?«

Ich nannte ihm die Zahl, noch viel mehr, als ich hatte, und er war einverstanden.

Mir blieb, als ich das Ministerium verließ, nur noch eins zu tun: Zum Postamt gehen, meinen guten Freund Ernst Gall bei der Firma Julius Bär in Zürich anzurufen und ihm den Auftrag zu geben, soviel Dreidreiviertelprozentige zu kaufen, wie ich mir leisten konnte, wenn ich meine letzten drei Pfennige zusammenkratzte. Die Motivation war klar: Alles, was dem französischen Fiskus bei seinen Anleihen 90 Prozent wert ist, ist für den Spekulanten gewiß 10–30 Prozent oder sogar viel mehr wert.

Die Sache ist zu schön, um wahr zu sein, werden Sie sagen.

Ich konnte aber wieder einmal die Richtigkeit meiner eigenen Maxime feststellen: An der Börse ist alles möglich, selbst wenn es logisch ist. Denn der Epilog der Geschichte ist, daß ein Jahr später die Regierung die Auszahlung der Papiere je nach Wunsch in Schweizer Franken, Gulden oder Dollars bekanntgab.

In einem anderen Fall profitierte ich von einer Insiderinformation, weil ich genau das Gegenteil von dem unternahm, was empfohlen wurde.

In den sechziger Jahren wurde mir ebenfalls von meinem Freund Ernst Gall der Kauf von Papier St. Moritz an der Züricher Börse zum Preis von etwa 160 Franken empfohlen. Er hatte zwar über das Papier keine Insiderinformation, aber als alter Routinier und vorzüglicher Kenner des Marktes hatte er ein Gespür dafür, daß da etwas Positives vorging. Obwohl ich auf das Gefühl meines Freundes viel gab, wollte ich über das Papier mehr wissen und wandte mich an einen anderen guten Freund, George Héreil, der bei dieser Firma eine besondere Insiderposition hatte. Er war der Präsident der Papierfabrik La Chapelle, die eigentliche Substanz der Gesellschaft Papier St. Moritz, die nur die Holding für die Papiere war. Seine Information war niederschmetternd: Der innere Wert der Aktie sei höchstens 40 Franken wert (das war allerdings der Kurs ein Jahr früher, bevor die Bewegung anfing). Er empfahl mir, bei diesem lächerlichen Kurs 160 sofort zu verkaufen und natürlich unter keinen Umständen zu kaufen. Nach so einer aufrichtigen und von erster Stelle kommenden Insiderinformation beschloß ich, das Papier St. Moritz zu einem Preis von 160/170 Franken justament und jetzt erst recht zu kaufen, gerade weil ich schon mit Insiderwissen genügend Erfahrung hatte. Es war auch richtig, denn zirka sechs Monate später konnte ich die »Papier St. Moritz« zu zirka 1600 Franken verkaufen. Zu 1800 wurden die Aktien von dem großen englischen Unternehmen Bowater übernommen und verschwanden von der Züricher Börse.

Erst jetzt wurde bekannt, daß Bowater der große Käufer war, der die Aktie von 40 Franken bis zu 1800 Franken in die Höhe getrieben hatte, um sich so die Kontrolle zu verschaffen. Mein Freund Héreil hatte recht, was den inneren Wert der Aktie anbelangte, aber mein Freund Gall – Vollblutspekulant – hatte auch recht, als er spürte, daß etwas ganz Ungewöhnliches vorging: der Streit um die Kontrolle von La Chapelle. Das konnte natürlich Héreil auch nicht wissen, wie er später zugab, denn die Transaktion war von den Banken mit der größten Diskretion durchgeführt worden.

Nun möchte ich noch zwei Insiderinformationen zitieren, die mich jedoch eine Menge Geld gekostet haben:

Noch vor dem Krieg in den dreißiger Jahren im Palace Hotel in St. Moritz erfuhr ich aus einem mir irrtümlich ausgehändigten Telegramm, daß Dr. Fritz Mannheimer, der mächtigste Finanzier dieser Jahre in Europa und Chef des Bankhauses Mendelssohn und Co., Riesenposten von Royal-Dutch-Aktien an allen Börsen der Welt kaufte. (Die wurden überall gehandelt, wie auch heute noch.)

Es ist sehr schwer, der Versuchung zu widerstehen, von einer solchen Information nicht zu profitieren. Ich entschloß mich, alle meine anderen Engagements zu verkaufen, um mit meinem ganzen Geld in Royal Dutch einzusteigen. Dies war total falsch, denn nach meinem Kauf sind die Kurse ununterbrochen zurückgegangen, und ich habe fast mein ganzes Geld verloren.

Genauso falsch war die Insiderinformation in folgendem Fall: Mein ehemaliger guter Freund Adrien Perquel, *Agent de Change* in Paris, erzählte mir, als ich einmal bei ihm zum Lunch war, daß er soeben mit dem Präsidenten der Compagnie *Française de Petroles* eine interessante Unterhaltung hatte, der ihm erklärt habe, daß die Aktien der Française de Petroles zu 10000 Franc (alte Franc) viel zu hoch wären, sogar lächerlich hoch.

Ich besaß zu dieser Zeit schon einen größeren Posten dieser Aktien. Ich bedankte mich für diese interessante Information, die direkt vom Präsidenten kam, und verkaufte in den kommenden Tagen alle meine Aktien der Française de Petroles. Und als sie noch rasant weiterstiegen, verkaufte ich sogar etwas leer. Die Insiderinformation war wieder richtig, um damit einen Verlust zu kassieren, da die Française de Petroles allmählich auf 60000 Franc gestiegen sind. So sind meine Erfahrungen mit Dutzenden von

Insiderinformationen, von denen ich nur einige anführen wollte.

Was halten Sie von Aktienanalysen erstklassiger Experten?

Leider sind hier meine Erfahrungen genau wie bei den Insiderinformationen meistens negativ. Ein ganz typisches und lehrreiches Beispiel war der Fall Penn-Central. In dem Abenteuerroman der amerikanischen Eisenbahngesellschaften ist die Geschichte der Penn-Central ein besonderes Kapitel. Der Kampf der amerikanischen Eisenbahnen untereinander, gegen die Regierung, gegen die Gewerkschaft, gegen die Benützer und nicht zuletzt gegen die Indianer dauerte bereits mehr als ein Jahrhundert.

Als Spätfolge der Weltwirtschaftskrise waren zu Beginn des letzten Krieges 54 von damals 70 Eisenbahngesellschaften konkurs. Vielen anderen ging es finanziell schlecht. Die New York Central (NYC) gehörte zu den *Borderline-Railroads* (Grenzlinienbahnen): So nannte man sie im Börsenjargon nicht etwa, weil sie an der Staatsgrenze, sondern weil sie stets an der Grenze des Konkurses dahinfuhren. Am Tag des Kriegsausbruchs 1939 änderte sich aber schlagartig die Eisenbahnkonjunktur. Die Spekulanten konnten wie nie davon profitieren.

Seit ihrem Bestehen hat sich die NYC Penn (Central genannt) öfter an der »Grenze der Pleite« befunden. Ich erinnere mich noch lebhaft an meine Spekulation in NYC-Anleihen in den dreißiger Jahren. Diese standen damals besonders tief, 20 bis 25 Prozent des Nominalwertes. Das Risiko einer Pleite drohte ernstlich. Zitternd warteten wir, ob der fällige Zinscoupon bezahlt wurde oder nicht. Sobald die positive Nachricht kam, sausten die Kurse der Anleihen in die Höhe. Das gleiche Spiel wiederholte sich alle sechs

Monate zur Couponfälligkeit. Für Herzkranke war diese Spekulation nicht geeignet. 35 Jahre später, im Juni 1970, verfolgten die Spekulanten in Wall Street den Ticker mit der gleichen Angst: Würde die Regierung Penn-Central unterstützen oder nicht? Zur größten Überraschung aller war die Antwort zunächst negativ, und so kam es, daß nach so vielen Jahren des Dahinlavierens die Gesellschaft die ominöse Grenze von der Solvenz zur Pleite durchfahren mußte. Der Aktienkurs fiel über Nacht von 13 auf 8 Dollar, obwohl er ein Jahr vorher noch 87 Dollar notierte.

Auch die NYC hat seit dem Krieg bis 1970 verschiedene Glanzperioden erlebt. Die Kurse stiegen erst langsam, dann immer schneller, zumal ein Fusionsplan zwischen New York Central und Pennsylvania Railroad gegen alle gerichtlichen Schwierigkeiten langsam Gestalt annahm. Seitdem heißt die Gesellschaft Penn-Central.

Jahrelang studierten die kompetentesten Finanzexperten die möglichen Folgen der Fusion, alles auf höchst wissenschaftlicher Basis. Jede Einzelheit wurde genauestens unter die Lupe genommen: die Zahl der Waggons, die Länge der Schienen, die politische Einstellung des Personals, die Psychologie der Passagiere, die Qualität des Materials, die transportierten Güter usw. usw. Mit hochwissenschaftlichem Rüstzeug und mit Hilfe der Computer rechneten die Eisenbahnexperten und Professoren aus, daß die neue fusionierte Penn-Central-Gesellschaft dank der Reorganisation mit einem Jahresprofit von 7 Dollar pro Aktie rechnen könnte. Seit der Fusion waren kaum mehr als zwei Jahre vergangen, und die Voraussagen erwiesen sich als die größte Blamage. Das Jahresresultat war nicht 7 Dollar Gewinn, sondern 4 Dollar Verlust je Aktie.

Die Regierung konnte aus politischen Gründen dem SOS-Ruf der Gesellschaft nicht folgen. Hunderttausende von kleinen Aktionären haben ihre Ersparnisse dank der größten Fachleute verloren.

Der Penn-Central-Hereinfall, dessen man sich in der Finanzgeschichte sicher noch lange erinnern wird, ist ein krasses Beispiel dafür, was Finanzanalysen der besten Experten wert sind.

Mit den Analysen ist es also ein wenig wie mit den Insiderinformationen?

Es ist ein wenig so, ja, sie sind wertlos. Ingenieure, Erfinder, Techniker, Wissenschaftler, Bilanzexperten und sogar die Leiter eines Unternehmens sind am wenigsten geeignet, für einen Börsenkurs eine Diagnose zu stellen. Sie können nicht beurteilen, ob ein Kurs zu hoch oder zu niedrig ist. Sie wissen zuviel, und viel Wissen ist letztendlich schädlich an der Börse, weil es die Phantasie bremst.

Was muß also der Spekulant können?

Der Spekulant sollte eher ein Politologe, Soziologe, Psychologe, Philosoph als ein Betriebswirt oder Wirtschaftsingenieur sein. Ein perfekter Betriebswirt wird wahrscheinlich sein Unternehmen effizient leiten, die Rentabilität der Maschinen, die Aufnahmefähigkeit des Marktes aufs genaueste berechnen. Aber seine Meinung über die Kursentwicklung der Aktien seiner Gesellschaft ist nichts wert.

Auf sehr lange Sicht, auf viele Jahre hinaus ist die technische Analyse des Unternehmens sicherlich wichtig, jedoch ist das Firmenschicksal unzähligen Unwägbarkeiten unterworfen: ausländische Konkurrenz, neue technische Erfindungen, die Reaktion des Publikums auf das Produkt und auch die Reaktion der Anleger gegenüber den Aktien der Gesellschaft. Die Bilanzanalyse eines Unternehmens ist für den Spekulanten nicht mehr als die Röntgenaufnahme des zu behandelnden Patienten für den Arzt. Nicht der Röntgenologe, sondern der Arzt schreibt die Therapie vor.

Eigentlich ähnelt die Rolle des Börsianers der eines Richters: Der Richter war weder bei der Tat dabei, noch ist er ein Waffenexperte. Er verhört die Zeugen, bekommt die Expertise der Sachverständigen, und dann fällt er sein Urteil. Der Spekulant ist kein Fachmann für Elektronik, Luftfahrt, Öl, Eisenbahnen, Computer, Autos oder Chemikalien. Er bekommt das Gutachten des einen, die Analyse des anderen, er wirft einen Blick auf die internationale Politik und die Zinspolitik der Notenbank, und dann fällt er sein Urteil, ob er kaufen oder verkaufen soll. Er ist ein eklektischer Geist oder, wie die Franzosen sagen, ein »touche-à-tout«. Eigentlich gilt für ihn die Regel: Man kann nicht alles gelesen haben, aber man muß wissen, wo es steht.

Der lateinische Spruch »Omnibus parvum, ex toto nihil« gilt für die Börse nicht, im Gegenteil. Derjenige, der von allem ein wenig weiß, versteht von der Börse ziemlich viel. Alles, was Hänschen gelernt, gesehen, gehört oder erlebt hat, nützt dem Spekulanten Hans in seinem Beruf.

Am wichtigsten scheint mir, das Leben selbst zu studieren, man sollte viel reisen, die Welt und ihre Bewohner kennenlernen und sich sogar einen gewissen Zynismus aneignen, um die verschiedensten Spezies dieses zoologischen Gartens der Wirtschaftsführer, Bankiers, Finanziers, Makler oder Politiker zu durchschauen. Man muß auch lernen, zwischen den Zeilen zu lesen, wenn es sich um wichtige, einschneidende Erklärungen handelt, denn jede Erklärung, jede Nachricht kann positiv oder negativ interpretiert werden, je nachdem, von wem und mit welcher Motivation sie abgegeben wurde und aus welcher Quelle sie stammt. Die Drahtzieher der Finanzwelt sind schlau, aber der Spekulant muß noch schlauer sein.

Welches Studium ist für einen zukünftigen Spekulanten von Vorteil?

Das beste Studium für den Spekulanten ist die Massenpsychologie (die beste Lektüre dazu ist *Psychologie der Massen* von Le Bon, 1895). Denn der wichtigste Faktor der Börsen und Wirtschaftsentwicklung ist das Verhalten des Publikums, und diese kann kein Wirtschaftsingenieur, und sei es mit den modernsten Computern, berechnen.

Und natürlich sollte der Spekulant die wichtigsten Sprachen der Welt beherrschen, in erster Linie Englisch. Einer meiner alten Freunde, ein routinierter und genialer Börsianer, empfand es als großes Handicap, daß er außer Deutsch keine anderen Sprachen sprach und die wichtigsten Texte nicht im Original lesen konnte. Man spürte bei ihm in der ersten Minute, daß er die internationale Presse nicht kannte, und das störte ihn sicherlich auch. Dafür hatte er einen anderen Vorteil: über siebzig Jahre Erfahrung. Das ist natürlich ein Diplom der höchsten aller Hochschulen.

Was muß ein Spekulant alles wissen, um dieses Diplom zu erhalten?

Nichts wissen, aber alles verstehen. Das Börsenwissen ist das, was übrigbleibt, wenn es einem gelungen ist, alles andere zu vergessen: die Bilanzen, die Kurse, die Dividenden, die jährlichen Geschäftsberichte, das ganze Rüstzeug, das man in einer guten Bibliothek und noch viel mehr in einem gutgefütterten Computer findet. Es kommt nicht darauf an, eine lebende Enzyklopädie zu sein, sondern man muß im richtigen Augenblick die vielen Zusammenhänge begreifen können. Man muß eine Art Radargerät haben, das die Wellen auffängt, kurz: Man muß ein Denker sein, immer auf dem laufenden und global denken, das ist die ideale Einstellung für einen Spekulanten. Er wird mit der

Statistik und mit Zahlen oft unpräzise sein, aber für den denkenden Spekulanten ist dies kein Hindernis. Wer die Welt und die Menschen gut kennt, braucht Ideen oder Tips nicht mit der Laterne zu suchen. Sie kommen schon von selber, so wie bei dem Talmudschüler, der sich rühmt: »Ich hab' eine großartige, richtige Antwort gefunden. Jetzt suche ich nur noch die passende Frage dazu.«

Ein Finanzier muß doch bei seinen Transaktionen die Bilanzen der Gewinn- und Verlustmöglichkeiten aufs genaueste analysieren, sonst kann er ja hereinfallen?

Ein Finanzier muß über die Gesellschaft, mit der er zu tun hat, viel wissen. Aber man sollte die Begriffe Finanzier und Spekulant nicht verwechseln. Der Finanzier steckt ständig über beide Ohren in den von ihm eingeleiteten Geschäften. Er sichert sich Kontrollen, plant Fusionen, lanciert neue Industrien, baut Trusts auf und führt vor lauter Aktivität ein sehr unruhiges Leben.

Weil er Unternehmungen gründet, wendet er sich an die Börse, um sich das nötige Kapital zu verschaffen. Auch die Kontrolle über die Gesellschaften, über die er herrschen will, erhält er durch die Börse. In einem vertikalen Trust vereinigt er einander ergänzende Betriebe. Seine Operationen verursachen also große Bewegungen, die sich auf die ganze Börse auswirken. Der Spekulant bleibt passiver Zuschauer bei diesen Bewegungen, die er nicht verursacht hat, von denen er aber profitieren kann. Sein Handwerkszeug hat er in Reichweite, und es ist denkbar wenig: Ein Telefon, ein Radio, ein Bildschirm, ein paar Zeitungen, aber auch dabei hat er sein Geheimnis: Er versteht, zwischen den Zeilen zu lesen.

✧ ✧ ✧

Wie beurteilen Sie die Situation auf dem Ölmarkt und die weitere Entwicklung des Ölpreises?

Vor zwölf Jahren prägte ich den Spruch: Jubelt die OPEC, weint der Westen. Nun kann ich heute den Spieß umdrehen. Der Wucherpreis für Erdöl – von einem Kartell diktiert – bedeutete die Verarmung des Westens zugunsten der Erdöl produzierenden Länder. Die Regierungen mußten mit höheren Steuern, Zinsen und Restriktionen gegen die neue Inflationswelle kämpfen und paralysierten damit die ganze Weltwirtschaft. Die Kaufkraft des Westens und der Entwicklungsländer wurde drastisch beschnitten, da alle anderen Energiepreise wie zum Beispiel Erdgas sich dem Ölpreis anglichen.

Die Wertpapierbörsen litten natürlich dramatisch darunter.

Im März 1975 berechnete ich, daß der Ertrag der Erdölproduktion von fünf Jahren das gesamte Industrieimperium des Westens samt Infrastrukturen aufwiegen kann einschließlich Bergwerken, Landwirtschaft und Immobilien – ein Werk, das in 150 Jahren durch Millionen Techniker, Gelehrte und Arbeiter mit Schweiß und Blut aufgebaut wurde. Das war eine falsche Parität. Es war fast, wie Henry Kissinger sagte, »eine wahrhafte Strangulation«.

Man hätte natürlich Gegenmaßnahmen und Vergeltungsschritte treffen können. In Amerika bestanden einige Pläne in dieser Richtung, auch eventuell ein Käuferkartell zu bilden. Aber Japan und Frankreich zitterten vor einem Totalembargo und taten alles, um eine Gegenkampagne zu sabotieren. Die Politiker und gewisse Regierungen, die passiv zuschauten, glichen Pantoffelhelden.

Daß die Ölmilliarden gegen hohe Zinsen im Westen angelegt wurden und zum Ankauf gigantischer Werte – Industrie, Immobilienkomplexe, Hotelunternehmen usw. –

dienen sollten, war, wie die Araber sagten, »Kif-Kif«, das heißt: gehupft wie gesprungen; denn das führte zur weiteren Bereicherung einiger Ölländer und Tausender von Scheichs. Und all dies auf Kosten der Normalverbraucher im Westen.

Ich blieb jedoch auch auf dem tiefsten Punkt der Stimmung optimistisch aufgrund meiner Erfahrung, da ich seit fünfzig Jahren in allen Rohstoffen gepanscht hatte (vielleicht gibt es keinen, mit dem ich nicht schon einmal herauf- oder herunterspekuliert hätte). Ein Kartell muß – wie auch ein *Corner* (ein planmäßig herbeigeführter Kursanstieg) an der Börse – platzen, wenn eine zu große Diskrepanz zwischen den Selbstkosten und den Kartellpreisen besteht (der Krach des Hunt-Corners ist ein Schulbeispiel dafür). Das war damals der Fall: 10 Cents pro Barrel gegen 30 Dollar – eine total unrealistische Spanne.

Ich habe auch gelernt, daß jede Preisentwicklaung einer Ware einer marginalen Situation unterworfen ist.

Steigt nämlich die Produktion nur 5 Prozent höher als der Verbrauch, stürzen die Preise senkrecht in die Tiefe. Liegt aber der Verbrauch um 5 Prozent über der Produktion, gehen die Preise raketenhaft in die Höhe. Und diese hohen und niedrigen Preise gelten trotz der winzigen Menge, der sie ihre Entstehung verdanken, mit einem Schlag für den gesamten Welthandel mit der betreffenden Ware.

Unter dem Druck konzentrierte sich der Westen mit allen seinen Kräften und mit Hilfe der fortschreitenden Technologie darauf, Energie zu sparen und neue Quellen zu erschließen.

Das ist gelungen. Der Verbrauch sank in Riesenschritten. Der Anteil der Ölimporte aus den OPEC-Staaten wurde dank der Ölförderung in der Nordsee, in Mexiko und an anderen Orten immer kleiner, und so bröckelten auch die

Preise etwas ab. Kleine Länder mußten somit immer mehr verkaufen und Preiskonzessionen machen.

So entstand eine Kettenreaktion mit drastischem Rückschlag, um so mehr, da die Diskrepanz zwischen Selbstkosten und Verkaufspreis so enorm war. Die heutige schwierige Situation der OPEC-Länder ist für mich keine Überraschung. Ich muß heute noch lächeln, wenn ich an die Worte des damaligen Weltstars, des saudiarabischen Ölministers Scheich Yamani, denke, die er 1980 bei einem Forum in Davos fallenließ. Auf die Frage, wie er die Preisentwicklung voraussehe, war die Antwort: »Wie hoch der Preis sein wird, kann ich jetzt nicht sagen. Aber eines kann ich mit Sicherheit prophezeien: Er kann nur laufend steigen!« Er nahm auch Stellung gegen eine eventuelle Benzinsteuer in den USA, denn: »Wenn der Preis erhöht werden sollte, dann müßten wir ihn erhöhen.« Und dann fügte er mit seinem liebenswürdigen Lächeln und eleganten Harvardakzent hinzu: »Wir werden den Amerikanern eine gute Lektion erteilen!« Und er wiederholte die Drohung einige Male im Fernsehen.

Ich weiß nicht, wie viele auf eine solche Warnung reagierten. Ich wollte meinen Ohren nicht trauen: Der Saudi-Minister will Onkel Sam eine Lektion erteilen? Hat er das ernst gemeint? Zu dieser Zeit verbreiteten übrigens Wirtschaftsexperten, daß die OPEC den Ölpreis in Gold festlegen wolle (damals wären 30 Barrel etwa eine Unze gewesen).

Es gibt keinen Zweifel, daß die Wirtschaftskrise eine Folge der Ölpreise war, und als sich der erste Riß im Ölkartell zeigte, begann sich auch die Welt von der Krise zu erholen.

Doch dann tauchte auf einmal das internationale Schuldenproblem auf mit dem Argument, sinkende Ölpreise würden die Zahlungsfähigkeit der Erzeugerländer gefährden, in erster Linie Mexiko. Aber auch das waren die Folgen des Ölwuchers, denn die vielen Milliarden Petrodollars wurden in die Banken des Westens zurückgeschleust, und da diese dafür wegen der schlechten wirtschaftlichen Lage keine Verwendung hatten, warfen sie dieses Geld Schuldnern nach, die bereit waren, die hohen Zinsen zu zahlen.

Scheich Yamani droht heute wieder, daß der Preissturz eine internationale Finanz- und Währungskrise zur Folge haben werde. Welche schamlose Propaganda, die bei den kleinen Sparern Panik schüren soll. Ein so kluger Mann weiß genau, daß der Westen kein größeres Geschenk hätte bekommen können als den Sturz der Ölpreise. Er ist eine Bremse für die Inflation, die Zinsen können fallen, es bleibt mehr Geld in den Händen der Sparer für andere Produkte, die auch wiederum billiger werden können, da die Energiekosten fallen. Staaten, die gegen das Defizit kämpfen, könnten es durch eine Benzinsteuer im Handumdrehen verringern.

Um die internationale Finanzwelt braucht sich also Scheich Yamani keine Sorgen zu machen. Mexikos Schulden werden vorläufig sowieso nicht zurückgezahlt. Außerdem kompensieren zurückgehende Einnahmen aus Öl die billigeren Zinsen für die Schulden. Und die USA stehen bedingungslos hinter Mexiko, abgesehen davon, daß sie immer mehr Öl aus Mexiko kaufen werden, zum Schaden der OPEC-Länder.

Gleichzeitig werden Brasilien, Argentinien und andere Nichtölstaaten viele Milliarden einsparen. Diese Länder können auch jubeln, wenn die OPEC weint.

Die OPEC steckt in einer großen Notlage, und nach meiner Erfahrung wird dort am meisten gestritten, wo Not herrscht. Nichtsdestoweniger glaube ich, daß die USA, obwohl es nicht in ihrer Tradition liegt, gewissermaßen eingreifen werden, um den Ölpreis irgendwo zu stabilisieren. Ein zu niedriger Preis würde die Investitionen für neue Ölerschließungen unrentabel machen und diese bremsen. Auf kurze Sicht wäre es ja gut, aber die USA machen eine langfristige Politik. Sie müssen sich auf lange Sicht in Energiefragen unabhängig machen, und da in Amerika der Staat nicht dafür sorgen kann, muß die Privatwirtschaft die nötigen Investitionen vornehmen. Aber in einem Land, in dem der Profit heilig ist, werden diese Investitionen nur dann gemacht, wenn sie genügend Gewinn bringen. So muß also der Preis auf einem Niveau bleiben, wo sich die Investitionen noch lohnen.

✧ ✧ ✧

Was halten Sie vom Warenterminhandel?

In den letzten Jahren konnte man in Deutschland in großen Zeitungsanzeigen von fantastischen Gewinnen lesen, die im Warentermingeschäft gemacht wurden, und von den Maklern wurden noch weitere versprochen. Über die Verluste wurde geschwiegen. Bei dieser aggressiven Werbung, die in Großbritannien und in den Vereinigten Staaten sogar unzulässig ist (man nennt sie dort Grabsteinannoncen), konnte man fast den Eindruck gewinnen, daß es sich um die Entdeckung einer neuen Spekulationsmethode handle, mit der man bei kleinem Risiko schnell reich werden könne. Es stimmt, daß aufgrund der weltweit gestiegenen Nachfrage und noch mehr durch die maßlose Inflationsspekulation die Rohstoffpreise in den siebziger Jahren explodiert sind und daß jeder daran gewinnen konnte, wenn er im richtigen Moment in die richtige Ware ein- und wieder ausstieg. Aber etwas Neues ist es nicht.

Warenspekulation hat es schon immer gegeben, auch ohne Terminhandel. Josef von Ägypten, Finanzberater des Pharao, war der erste große Warenspekulant, als er während der sieben fetten Jahre die Getreideernten aufkaufte, um sie dann während der sieben mageren Jahre mit großem Profit zu verkaufen (siehe 1. Moses 41, V. 46 ff). Seit Josef spekulieren Landwirte, Kaufleute und Industrielle in verschiedensten Waren, mal auf steigende, mal auf fallende Preise; denn auch ohne organisierte Warenterminbörse kann man Produkte auf spätere Lieferung handeln.

Dieser Handel hätte an und für sich auch noch heute eine gewisse Bedeutung in der Wirtschaft, um den Unternehmern und Kaufleuten die Möglichkeit zu geben, sich gegen eventuelle Kursschwankungen zu sichern. Kauft zum Beispiel ein Silberschmied sein Metall, um es sofort zu bearbeiten, geht er das Risiko ein, daß der Metallpreis während der Verarbeitung stark fällt. Der Verlust kann so um ein Mehrfaches höher sein als der Profit seiner Arbeit. Er kann jedoch zur selben Zeit die gleiche Menge Silber auf Termin verkaufen. Fällt der Kurs, kann er seinen Terminverkauf mit einem Nutzen eindecken, der ihn für den Preisverfall seiner effektiven Waren entschädigt. Dasselbe spielt sich beim Müller mit Getreide ab, bei der Baumwolle für die Spinnerei und für alle anderen Rohstoffe, die von Unternehmen bearbeitet werden.

Die Versicherungsgeschäfte, die man Terminhandel nennt, sind der Anfang von weiteren Spekulationen: Der Landwirt beobachtet täglich die Kornfelder, wird dank guter Wettervoraussagen für die gesamte Ernte im Lande immer optimistischer und erwartet einen größeren Rückgang der Preise. So verkauft er immer mehr und mehr Weizen, mehr als seine zukünftige Ernte, Ware, die er nicht haben wird, aber die er sich ja kurz vor dem Lieferungstermin billiger beschaffen kann. Sieht er aber eine schlechte Ernte voraus, kommt ihm natürlich sofort die Idee, auf Termin eine größere Menge Weizen zu kaufen, nur auf Spekulation. Er kauft also, obwohl er eigentlich verkaufen sollte, da er ja Weizen produziert.

Der Müller dagegen ist der Ansicht, daß der Weizenpreis fallen wird. So wird er sogar Weizen verkaufen anstatt zu kaufen.

So wird aus einem normalen biederen Kaufmann sogar ein Spekulant. Der Homo ludens ruht nie! Und obwohl viele Unternehmer und Kaufleute mit diesen Spekulationen pleite gemacht haben, geht dieses Spiel weiter, weil sich jeder einbildet, wenigstens in seiner Branche etwas von der Ware zu verstehen.

Im alten Deutschen Reiche gab es zwar Warenterminbörsen, Kaffee in Hamburg, Zucker in Magdeburg usw., doch schadeten sie lediglich der Wirtschaft. »Das Getreide hat sich auf den Terminbörsen zu einem reinen Spiel entwikkelt«, schrieb 1889 der Vorsitzende des kaufmännischen Vereins in München, »und wir sehen Dinge vor sich gehen, gegenüber denen Spielbanken in Baden-Baden, Wiesbaden usw. reine Kindereien genannt werden können. Zu diesem Zwecke werden Agenten aufgestellt, welche die Spekulationslust aufwecken und dazu animieren. Dieselben suchen sich ihre Kunden in allen denkbaren Gesellschaftskreisen aus, suchen dieselben täglich in ihren Wohnungen auf und verleiten sie durch kluge Ratschläge zu riskanten Unternehmungen. Der verhältnismäßig kleine Einschuß wird kreditiert, und erst wenn Verluste eintreten, müssen Nachschüsse geleistet werden. So wird die Spielwut förmlich hochgezogen.«

Das Warentermingeschäft ist also schon vor hundert Jahren zu einem Glücksspiel geworden.

In den letzten zwanzig Jahren herrschte aber ein wahrer Unfug auf diesem Gebiet. Die Provisionen sind zu interessant für den Makler. Er verdient mit dem Hin- und Herhandeln von Warenterminkontrakten, von denen der Kunde relativ wenig versteht und bei denen er mit relativ wenig Geld Riesenengagements eingehen kann. Die Provisionsmaschine funktioniert auf diesem Gebiet mit besonders großem Erfolg. Junge Leute können sich als Makler in diesen Geschäften manchmal monatlich 40000 bis 50000 DM Einkommen schaffen, wenn sie tüchtig sind und Kunden dafür werben.

Das Publikum ist seit dieser Zeit dank der Inflationspsychose in das Geschäft leicht hineinzulocken. Die Werbesermone waren sehr einladend: Das Geld entwertet sich, die Preise können nur steigen. Die raketenhafte Aufwärtsbewegung des Goldes veranlaßte dann die Sparer, bei allen Rohstoffen nur noch höhere Preise zu erwarten. Es gab auch andere Werbeslogans wie zum Beispiel beim Silber. Die Agenten riefen alle ihre Kunden an und bezogen sich auf das Hunt-Syndikat als Beweis, daß die Silberkurse in eine astronomische Höhe steigen würden. Als der Kurs von 5 auf 50 Dollar die Unze stieg, prophezeiten sie schon den Kurs von 500. In solch einer Atmosphäre war es leicht, massenhaft Kaufaufträge zu bekommen. Es ist also keine Überraschung, daß das Publikum, Spekulanten, Spieler und Außenseiter in den achtziger Jahren durch den Krach auf den Rohstoffmärkten mehrere Milliarden Dollar Verluste erleiden mußten. Die Umsätze haben 1982 3500 Milliarden Dollar an allen Warenbörsen zusammen ausgemacht.

Ich verdächtige a priori keinen Warenterminmakler, keinen Händler oder Werber, ein Betrüger zu sein. Aber ich behaupte in voller Kenntnis der Sachlage, daß bei diesen Geschäften häufig das einzige Interesse der Vermittler darin besteht, das Geld der Kunden in die eigene Tasche zu stecken. Die Warentermingeschäfte, wie sie in vielen Fällen in der Bundesrepublik abgewickelt werden, sind entweder totaler Betrug, halber Betrug oder zwar kein De-jure-, aber ein De-facto-Betrug.

Totaler Betrug sieht so aus: Die Warenterminfirma verkauft zum Beispiel Kaufoptionen für Waren, die sie nicht besitzt. Wenn nun der Kunde dank einer Preissteigerung großen Profit zu machen glaubt, kann die Firma ihren Verpflichtungen nicht nachkommen und meldet Zahlungsunfähigkeit an. Das ist genauso ein Betrug, als würde ein Kasino die Gewinne beim Roulett nicht auszahlen.

Halber Betrug: Die Firma kauft zwar die Optionen in London, verkauft sie aber ihren Kunden zu 200 Prozent höheren Preisen. Der Kunde wird übervorteilt, weil er die tatsächlichen Preise in London nicht kennt.

De-facto-Betrug: Die Firma bietet Beteiligungen an Sammelkonten oder Anteile von Warenterminfonds an. Der Manager des Sammelkontos oder des Warenfonds kauft zum Beispiel gleich bei der Eröffnung eines Börsentages zehn Soja-, zehn Gold- und zehn Zuckerkontrakte. Bei jedem dieser Artikel können bis Börsenschluß etwa 30 000 Mark Gewinn oder Verlust entstehen. Die Kontrakte mit Verlust werden auf dem Sammelkonto verrechnet; Gewinn behält der Manager für eigene Rechnung. Kein Börsenvorstand, kein Paragraph (aber besonders nicht das Gewissen des Managers) können ihn daran hindern.

Im Börsenjargon heißt das »auf dem Samt spielen«. Die Gewinne für den Manager, die Verluste für den Kunden. Es war also nicht verwunderlich, daß täglich neue Warenterminfirmen wie Pilze aus dem Boden schossen. Schon Alexandre Dumas der Jüngere schrieb in großer Weisheit: »Das große Geschäft ist das Geld der anderen.«

Eine weitere, aber am häufigsten angewandte Masche, die auch schon vor hundert Jahren existierte, ist folgende: Nehmen wir an, der Makler redet dem Kunden ein, er sei besonders optimistisch für Kupfer, und man müsse unbedingt einige Kupferkontrakte kaufen. Das Kupfer wird auf dem Terminhandel mit verschiedenen Lieferungsdaten gehandelt, von Januar bis Dezember kann man sich jeden Monat aussuchen. Die Preise für jeden Monat bewegen sich parallel, die Diskrepanzen zwischen den einzelnen Monaten sind konstant, denn der Unterschied zwischen Lieferung Januar oder Februar, etwa 2 Prozent, entspricht lediglich den Spesen wie Lagerung, Verzinsung usw. Der Makler kauft also Kupferkontrakte zum Beispiel auf Januarlieferung zum Preis von 100. Gleichzeitig steht Februar 102, März 104 usw. Der Makler und Kunde (aber besonders der Makler) haben Glück, und Kupfer steigt von 100 auf 104. Bei diesem Preis ist die Maklerprovision schon gewonnen, und man kann dem Kunden zusätzlich einen Profit beweisen. Der Makler empfiehlt also den Verkauf des Januarkontrakts, um für rund 118 einen Augustkontrakt zu kaufen.

Man hat nun wieder Glück, und Kupfer steigt weiter, und die neue Provision ist wieder verdient. Man überzeugt also den Kunden, den Augustkontrakt zu verkaufen und nun Märzkontrakte zu kaufen genau unter denselben Bedingungen wie das erstemal und dann wieder März und September zu tauschen...

Und das Resultat? Kupfer ist binnen acht Monaten um 50 Prozent gestiegen. Der erste gekaufte Kontrakt wäre also 150, aber anstatt 50 Punkten hat der Kunde nur 10 verdient, die 40 übrigen sind in den Provisionen untergegangen. Das ist *par excellence* ein klassisches Beispiel für einen De-facto-Betrug, wenn auch nicht *de jure*. Und erst zum Schluß entdeckt der Kunde, daß sein ganzer möglicher Profit in

Provisionen aufgegangen ist, nicht zu reden von dem eventuellen Verlust seines Kapitals, wenn Kupfer gefallen wäre.

Nichts Verbotenes, nichts Gesetzwidriges wurde getan, nichtsdestoweniger wurde der Kunde betrogen. Deshalb rate ich jedem Kandidaten für Warentermingeschäfte, sich nicht von Brokern oder deren Angestellten beraten zu lassen, denn keiner der selbsternannten Fachleute weiß mehr als er selber. Wie sollte er denn ein Fachmann in allen Rohstoffen sein – von Sojabohnen bis Orangensaft und Platin. Abgesehen davon, daß die Natur die größten Überraschungen bereithält: Einmal friert die ganze Orangenernte in Florida ab, ein anderes Mal verbrennt der ganze Kaffee in Brasilien durch eine überraschende Hitzewelle, und ein anderes Mal steigen die Kühlhauseier überraschenderweise auf das Doppelte, weil der Winter zu lange dauerte und die Hennen erst später anfingen, Eier zu legen (ich selber habe damals sehr viel verloren).

Computersysteme, Experten und »Weltmeister« sind pure Legenden. Wer dennoch von der unwiderstehlichen Lust ergriffen wird, in Waren zu spekulieren – und wenn er auch einmal wie Josef einen Traum richtig deuten kann –, soll sich an einen der großen amerikanischen Broker wenden, jedoch ausschließlich nach eigenen Ideen (oder Traumdeutungen) und Entscheidungen über die Aufträge selber verteilen. Auch der Roulettspieler muß sich selber an den Tisch setzen und darf das Geld nicht anderen zum Spiel anvertrauen.

Mein Rat wäre trotzdem eher: Hände weg von der Warenterminspielerei; denn nach 65jähriger eigener Erfahrung und jener von Hunderten von Kollegen kann ich nur eines behaupten: Es ist genau wie beim Roulettspiel im Kasino: Gewinnen kann man, verlieren muß man.

Ich gebe zu, daß auch an den Aktienbörsen oft Unfug mit

riskantem Spiel betrieben wird. Aber während jeder Aktieneuphorie werden viele neue Unternehmen gegründet und Kapitalerhöhungen vorgenommen, die dann der Wirtschaft zugute kommen. Was aber bleibt nach einem Boom oder Krach in einer Warenterminspekulation übrig? Nur Verluste, Ruin und – Provisionen für die Broker außer für die, die selber Pleite machen.

Wie stehen Sie zu den Zerobonds *in Dollars?*

Diese Frage erscheint mir ein bißchen naiv. Viel logischer wäre es sicherlich zu fragen, wie ich Amerika selbst und seine Zukunft einschätze – in wirtschaftlicher und politischer Hinsicht. Denn Erfolg oder Mißerfolg einer Anlage in Zerobonds über ein oder mehrere Jahrzehnte hinweg hängen letztlich davon ab, in welche Richtung die USA und der Dollar steuern. Meine knappe Antwort auf diese Frage: Absolut positiv.

Ich habe nicht den geringsten Zweifel, daß die erstklassigen Schuldner ihre Zerobonds bei Fälligkeit zurückzahlen werden. Man muß die Qualität eines jeden einzelnen Zerobonds, das heißt die Qualität des betreffenden Unternehmens, in jedem einzelnen Fall beurteilen. Zerobonds sind meiner Ansicht nach – vorausgesetzt, daß der Kurs günstig ist – eine sehr empfehlenswerte Anlage für jemanden, der seinen eigenen Ruhestand sichern oder eine Mitgift für seine Tochter aufbauen will, kurz für alle, die das angelegte Kapital über viele Jahre hinweg nicht angreifen müssen.

Auch für einen hartgesottenen Spekulanten, der auf fallende Zinsen setzt, sind Zerobonds ein sehr geeignetes Vehikel. Denn der Hebeleffekt führt zu heftigen Kursvariationen, hinauf genauso wie hinunter. Die Spekulation mit Zerobonds ist jedenfalls weniger gefährlich als auf dem

Financial Future Market und ist nicht von einem Termin abhängig wie die Optionen.

Auch bei der Spekulation in vollbezahlten Zerobonds muß der Spekulant genau wissen, welchen Betrag er für längere Zeit entbehren kann. Denn seine Spekulation ist zwar zeitlich nicht befristet, er muß jedoch warten und eventuell auch einen Sturm überleben können.

Kann man die Zerobonds auch auf Kredit kaufen?

Das ist nach meiner Meinung verboten. Ich rate meinen Freunden davon nicht nur ab, ich verbiete es ihnen und ganz besonders, den Kauf mit Schweizer-Franken-Krediten finanzieren zu wollen. Das ist keine heiße, sondern eine halsbrecherische Spekulation, besonders, wenn man damit sein Spargeld riskiert. Ich kann nicht genügend davor warnen.

Doch wird diese Spekulation – dank der niedrigen Schweizer Zinsen – stark empfohlen?

Natürlich kann das Spiel gelingen, aber auch dramatisch enden. Die Werbetexte, die es nahelegen, sind völlig falsch und irreführend. Nur derjenige darf so etwas unternehmen, der über alle Aspekte der Gefahr im Bilde ist. Derartig Aufgeklärte aber brauchen keine Propaganda. Die Werbung ist also ausschließlich an Anfänger gerichtet, die in dieses gefährliche Spiel gelockt werden sollen.

Was kann passieren? Irgendein Ereignis in der Welt führt zum Beispiel zu einer Verkaufswelle. Der Markt in Zerobonds ist besonders eng. Die Spanne zwischen Brief- und Geldkurs ist schon in normalen Zeiten groß und wird um so größer, wenn massiv Angebote kommen. Das ist durchaus möglich, da sehr viele kleine und große Spieler auf derselben Seite stehen. Wenn die Kurse rückläufig sind oder der

Dollar gegenüber dem Schweizer Franken fallen sollte, verlangen die Schweizer Banken eine Erhöhung des Garantiedepots. Und wenn die nicht innerhalb von vierundzwanzig Stunden bereitgestellt wird, werden die Bonds auf den Markt geworfen, besser gesagt geschleudert, um so mehr, als sich eventuelle Käufer in solchen Momenten vollkommen zurückhalten. Die Bonds des Kreditnehmers werden also zu einem tiefen Kurs zwangsverkauft, das eingesetzte Kapital ist verloren. Der Kunde muß einige Zeit später zuschauen, wie die Papiere wieder steigen, die er nun nicht mehr besitzt.

Ein ganzes Buch könnte ich nur darüber schreiben, wie oft das gleiche mir und vielen meiner Freunde mit solchen Spekulationen schon passiert ist, bei denen man von den Zinsdifferenzen zwischen zwei Währungen profitieren wollte.

✧ ✧ ✧

Was ist für das Wohlergehen eines Landes und für seine weitere Entwicklung wichtiger: die Wirtschaft oder die Finanzen?

Diese Frage wird seit je kontrovers beantwortet. Da ich Musiker bin, kommt mein Beispiel aus dem Bereich der Noten:

In den literarischen Salons des 18. Jahrhunderts wurde über die Oper leidenschaftlich debattiert: »Primà la musica – poi le parole?« Oder: »Primà le parole – poi la musica?« Was kommt zuerst, die Musik oder der Text? Seit Jahrzehnten stellt sich uns immer wieder die Frage: »Primà l'economia – poi le finanze.« Oder umgekehrt. Meine Entscheidung ist unwiderruflich: Erst kommt die Wirtschaft.

Ich gebe zu, daß – wie bei der Oper der Text – in unserem politischen System die Finanzen auch ihre Bedeutung haben, aber sie spielen nicht die entscheidende Rolle.

Also erst die Wirtschaft und dann die Finanzen. Eine Fabrik mit ihren hervorragenden Maschinen und Produkten kann durch eine unverantwortliche Finanzführung pleite machen, die Aktionäre können ihr Geld verlieren. Aber die neuen Besitzer, die das Unternehmen aus dem Konkurs günstig aufkaufen, können die Fabrik dank ihrer Infrastruktur und Qualität wieder hochbringen und ein Bombengeschäft machen.

Wenn ich den menschlichen Körper, den Organismus mit der Wirtschaft gleichsetze und die Finanzpolitik mit der Lebensweise eines Menschen, dann wird das Bild noch deutlicher: Einen gesunden, zähen Körper können Vergehen und Sünden nicht ruinieren, sie können zwar schaden und viele Beschwerden verursachen, sie werden jedoch nicht tödlich sein. Aber ein zerbrechlicher, seit Geburt anfälliger Organismus wird auch durch die vorsichtigste Lebensweise nicht gesund. Vielleicht läßt sich nur das Leben etwas verlängern.

Auch eine leichtfertige Finanzpolitik kann eine robuste, potente Wirtschaft nicht vernichten, sondern vielleicht vorübergehend in Schwierigkeiten bringen. Ebenso kann die strengste, orthodoxe Finanzpolitik mit den besten Buchhaltern mit einer schwachen Wirtschaft keine Wunder zaubern. Deswegen plädiere ich für die Priorität der Wirtschaft.

Warum sind Sie also so leidenschaftlich gegen die Volkswirte?

Talleyrand sagte einmal über die Bourbonen nach ihrer Rückkehr nach Frankreich: »Sie haben nichts vergessen und nichts dazugelernt.« Das gleiche läßt sich heute von den Wirtschaftsexperten sagen: Sie haben ihre verjährten und verstaubten Theorien nicht vergessen, aber über die Welt von heute nichts dazugelernt. Deswegen versagen sie auch. Ich habe nichts gegen die Wirtschaftsprofessoren, die der Jugend das Einmaleins der Wirtschaft beibringen, aber für Wirtschaftsprognosen, geschweige denn Börsenprognosen, taugen sie überhaupt nicht. Die amerikanische Presse berichtete schon vor zwei Jahren, daß die großen Unternehmen massenweise Volkswirte feuern, weil sie mit ihren total falschen Prognosen großen Schaden angerichtet haben. Die Analysen waren irreführend, egal, ob es sich um Inflation, Zinsen, Öl oder anderes handelte.

Ihr Unglück war und bleibt, daß sie nicht denken, sondern nur rechnen. Die großen Volkswirte der Geschichte – Thomas Morus, Adam Smith, David Ricardo, John Maynard Keynes und andere – waren alle große Denker. Sie gaben keine Prognosen, sondern stellten Theorien auf, um die Politik ihrer Regierungen beeinflußen zu können. Darum hieß auch ihr Fach in allen Sprachen (außer der deutschen) politische Ökonomie. Die Volkswirte von heute dagegen sind Buchhalter und Statistiker. Sie sind fasziniert von Zahlen, erforschen aber nicht, was dahintersteckt, abgesehen davon, daß die meisten Statistiken ohnehin falsch, gefälscht oder zumindest frisiert sind. Winston Churchill sagte es ja schon: »Ich glaube nur den Statistiken, die ich selbst gefälscht habe.« Die Analysen der Volkswirte wimmeln von Zahlen, Zahlen, Zahlen oder, wie Hamlet sagte: »Worte, Worte, Worte, ein Unsinn, aber mit Methode«: 6,5 Prozent plus, 3,4 Prozent minus, 5,8 Prozent plus und so weiter. Nicht ein Zehntel hinter dem Komma werden sie weglassen, aber vergessen, daß der wichtigste Einflußfaktor für die Wirtschaft wie auch für die Finanzen nur eines ist: Psychologie – Vertrauen oder Mißtrauen. Ohne Vertrauen geht alles kaputt, mit Vertrauen läßt sich jedes Problem lösen.

Wie stehen Sie zu der Kontroverse, ob für die Wirtschaft staatliche Planung oder absolute Freiheit angemessener sei?

Spitz formuliert würde die Frage lauten: Dschungel oder Gefängnis? Die Distanz zwischen den beiden Extremen ist groß. Die Anhänger beider Theorien haben auch jeder für sich unendlich viele und ernst zu nehmende Argumente auf ihrer Seite. Totale Freiheit für die Wirtschaft – das würde in den Dschungel führen und damit letztlich gefährliche politische Folgen nach sich ziehen. Ich gebe zu, daß der Dschungel wenigstens noch gewisse Vorteile hätte, wenn er nur von Engeln oder engelartigen Kreaturen bewohnt wäre. Aber leider laufen dort auch Raubtiere herum, die nicht nur ihresgleichen, sondern auch unschuldige Zuschauer angreifen.

Sie stimmen also eher für Gefängnis anstatt Dschungel?

Nein, Gefängnis nicht, aber lieber ist mir ein starker Staat, der zwar pragmatisch handelt, in dem trotz Freiheit auch Recht und Ordnung herrschen, die Schwachen vor den Starken, die Naiven vor den Cleveren geschützt werden. Unter dem Vorhang der Freiheit wurde den deutschen Sparern zum Beispiel in der Vergangenheit viel Schaden zugefügt. Obskure, exotische Investmentfonds, Öl- und Schiffsabschreibungen, Wälder in fernen Ländern, waghalsige Warentermingeschäfte, undurchsichtige »Venture-Unternehmen« haben sie um ihre schwerverdienten Spargroschen gebracht.

Das Geld – Endziel aller, die in der Wirtschaft tätig sind – ist radioaktiv und korrumpiert. Es verführt die Menschen und auch große Institutionen zu Geschäften, die vielleicht rentabel, aber gegen das allgemeine Interesse sind. In Wien nannte man das das »Schweizer Kanton-System«: Jeder »kann ton«, was er will. Schon Charles de Montesquieu schrieb im 18. Jahrhundert: »Die Freiheit des Handelns bedeutet nicht, daß die Händler berechtigt sind, alles zu machen, was sie wollen. Und was die Freiheit der Händler begrenzt, behindert nicht unbedingt die Freiheit des Handelns.«

Man soll also die Wirtschaft kontrollieren?

Man kann die Wirtschaft sehr wohl unter Kontrolle halten, ohne die drei tragenden Säulen unseres kapitalistischen Systems zu gefährden: freies Unternehmertum, Profit und freie Konkurrenz. Die Tage des totalen Laisser-faire, Laisser-passer sind endgültig vorbei, abgesehen davon, daß die Notenbanken durch ihre Geld- und Zinspolitik immer schon wirksam eingreifen konnten.

Ein maßvolles Eingreifen des Staates oder staatlicher Institutionen ist sogar wünschenswert, wenn – und das ist das große *Wenn* – damit nicht politische Ziele verfolgt werden.

Das ist etwa dann der Fall, wenn der Staat mit seiner Geld-, Kredit-, Zoll- und Steuerpolitik bestimmte Gesellschaftsschichten und Branchen zum Nachteil anderer begünstigt. Mit solchen Methoden kann man ein Land langsam in den Sozialismus führen, ohne daß die Mehrheit der Bürger, die die Regierung gewählt haben, dies gewünscht hätten. Gewiß pendeln sich viele Dinge von selber ein. Nachfrage und Angebot pendeln sich meistens früher oder später in ein Gleichgewicht ein. Die Wirtschaftsgeschichte verlief immer schon in zyklischen Bewegungen. Es ist unvermeidlich, daß diesen *ups and downs* viele zum Opfer fallen und nur ein Teil der Interessenten sich schützen kann.

Man kann Ebbe und Flut zwar durchaus auf die Minute genau berechnen, verhindern kann man sie jedoch nicht.

Nur schützen kann man sich gegen die Gezeiten und präventive Maßnahmen treffen. Diejenigen, die in der Wirtschaft die Zeitpunkte von Ebbe und Flut berechnen können, gelten schon als besonders begabt und klug. Doch waren dies – wie die Erfahrungen der vergangenen Jahre gezeigt haben – immer nur sehr wenige. Man muß deshalb pragmatisch sein, nicht theoretisch. Optimal sind die Lösungen ohnehin nur in den seltensten Fällen. Die Theorien können auf dem Papier richtig sein, praktikabel sind sie selten, weil sie nicht den gerade herrschenden politischen und psychologischen Gegebenheiten entsprechen. Und wüßte man auch, was zu tun wäre, bliebe immer noch die Frage, ob es sich tatsächlich ausführen ließe.

Die klassischen Monetaristen geben selber zu, daß die meisten Maßnahmen, die man treffen müßte, aus politischen und sozialen Gründen nicht durchsetzbar sind. Trotzdem propagieren sie ihre Thesen, sagen aber gleichzeitig: »Nach uns die Sintflut.«

Kurz und gut: Ob Laisser-faire oder Planwirtschaft, ob Fiskalismus oder Monetarismus, die beste Antwort auf diese Frage gab schon der französische Poet Alexis Pyron (1689–1773) in einem galanten Epigramm: »Colin bewundert die Marmorschenkel seiner Liebe. Mal dünkt ihm der rechte schöner, mal der linke. ›Zaudere nicht, mein Freund‹, ruft sie, ›laß mich entscheiden, die Wahrheit liegt zwischen den beiden.‹«

Was würde Ihrer Ansicht nach geschehen, wenn die Schuldnerländer, die mit 500 Milliarden Dollar in der Kreide stehen, plötzlich zahlungsunfähig würden?

Diese Frage wurde mir hundertmal gestellt, und meine Antwort bleibt immer dieselbe: Erstens: Nichts würde geschehen. Zweitens: Das Wort »plötzlich« ist, gelinde gesagt, leicht unpassend. Diese Länder sind seit Jahren zahlungsunfähig. Drittens: Sie werden ihre Zahlungen aus dem einfachen Grunde nicht einstellen, weil die Gläubigerländer immer neue Kredite gewähren, damit sie die Zinsen bezahlen können. Ob sie das Kapital zurückzahlen? Das können wir sowieso vergessen. Die Schuldner-Gläubiger-Kette kann kurz oder lang sein, die letzten Gläubiger sind noch immer die betreffenden Notenbanken (das amerikanische Federal Reserve System, die Bundesbank, die Bank of England, die Banque de France oder andere), und diese sind niemandem etwas schuldig, nur ihrem Gewissen. Sie haben die Notenpresse und haben stets soviel Geld zur Verfügung, wie sie es für nötig halten, um alle Zahlungsverpflichtungen zu sichern.

Kein Geldinstitut kann wegen Schulden in der eigenen Währung zahlungsunfähig werden, denn die Notenbank steht immer hinter ihm. Das nenne ich Inflation. Denn einer der Hauptgründe für die Inflation ist ja das horrende Kreditvolumen, das die kapitalistischen Staaten den Entwicklungsländern und dem Ostblock hemmungslos, unverantwortlich, gegen eigene Interessen und ohne Hoffnung auf Rückzahlung eingeräumt hatten. Das geschaffene Geld geht hinaus und kommt nie mehr zurück. Wenn ein strenger Wirtschaftsprüfer die Bilanz der kapitalistischen Länder untersuchen würde, müßte er feststellen, das auch im Westen genügend faule Schulden existieren. Man muß sie jedoch nicht abschreiben, man kann sie *ad infinitum* prolongieren.

Wozu soll man auch puritanisch ehrlich Bilanz machen, wenn es auch ohne geht.

Es gibt gar keinen Zweifel, daß in den kritischen siebziger Jahren amerikanische Großbanken auch Firmen, die total zahlungsunfähig waren, mit weiteren Krediten fütterten, damit sie nur ja keinen Konkurs anmeldeten. Die Firmen wurden stillgelegt, unterhielten aber weiter Büros mit Telefon und Sekretärin. Sie existierten auf dem Papier, sie atmeten noch, und so mußten die Gläubigerbanken ihre Forderungen nicht abschreiben.

So ging es in unzähligen Fällen und auf allen Sektoren, egal, ob es sich um Export- oder Importkredite, Hypotheken oder Öltankerforderungen handelte.

Die Banken hatten Milliardenforderungen auf Immobilien und bei Immobilieninvestmentgesellschaften, die alle eingefroren waren, wahrscheinlich war nicht eine einzige Hypothek durch den Wert der Immobilien gedeckt.

Bei vielen Reedereigesellschaften waren die als Garantie fungierenden Öltanker fast wertloses Alteisen, doch die Kredite wurden mit Einverständnis der Federal Reserve automatisch gestundet.

Hätten diese Firmen oder ihre Gläubigerbanken eine ehrliche Bilanz gemacht, wären sie *de jure* pleite gewesen, aber niemand hat sie gezwungen, eine redliche Bilanz zu machen. Und wozu auch? Ist es nicht vernünftiger, ohne Schmerzen weiterzuwurschteln? Ein alter Spruch der Börsenprofis und Geldmanager sagt: »Wenn wir soviel Geld hätten, wie wir gut leben, wären wir alle Rockefellers.« Man kann nämlich auch gut leben, ohne Rockefeller zu sein, und manchmal sogar besser als viele dieser oft puritanischen Millionäre.

Außer den erwähnten hatten die Banken auch für Milliarden New-York-City-Anleihen in ihrem Portefolio, und es erschien problematisch, ob die Stadt New York je ihre Zinsen würde bezahlen können. Und was ist geschehen? Nichts! Die Schulden wurden konsolidiert, und alles ging wie geölt weiter.

Ein Crash oder eine Währungsreform, von der so viel gesprochen wird, sind also nicht zu befürchten?

Eine Antwort fällt mir – zugegeben – schwer. Denn dies sind nur Worte, Worte, Worte, deren Bedeutung ich nicht voll und ganz begreife. Ich würde zum Beispiel gerne wissen, was man unter einem »Crash« oder einer »Währungsreform« versteht. Das sind nicht zwei-, sondern zehndeutige Worte.

1. Crash: Das Wort kommt vom deutschen Wort »Krach«, das wegen seines akustischen Charakters in alle Sprachen übernommen wurde. Es »kracht«, kann man sagen, wenn eine schöne Kristallvase plötzlich auf den Steinboden fällt. Das gibt dann einen Tripelkrach: Die Vase kracht durch den Aufprall auf den harten Boden, für Krach sorgen auch die auseinanderfliegenden Scherben, und Krach macht dann auch die Hausfrau wegen des verursachten Schadens. Wichtig dabei ist, daß der Krach plötzlich und ganz unerwartet kam. Meinen diejenigen, die den »Crash« prophezeien, ebenfalls einen Tripelkrach? Etwa so:

a) Die Banken, die die faulen Forderungen hatten, krachen, das heißt, sie müssen ihre Schalter schließen.

b) Die Währungen entwerten sich auf einen Bruchteil ihrer Kaufkraft.

c) Der totale Zusammenbruch der Wirtschaft folgt: Fabriken werden stillgelegt, die Arbeitslosigkeit steigt usw.

Tatsächlich meinen die Leute, daß alle Banken zusammen zumachen, weil die Kassen wegen der faulen Forderungen leer sind. Oder anders: Die Notenbank druckt das nötige Geld, aber nie schnell genug, weil das Publikum diese Milliarden und Abermilliarden sofort abhebt und das Geld durch seine astronomische Menge wertlos ist (wie es in Deutschland 1923 war).

Fazit: Nach den Panikpropheten gibt es nur zwei Möglichkeiten: Krach oder verheerende Inflation. Man kann sich jedoch beruhigen. Die Banken würden auch dann nicht schließen, wenn alle ihre Forderungen nicht mehr einzutreiben wären. Die Notenbanken stehen, wie gesagt, immer hinter ihnen. Es ist eine alte Geschichte, daß die Gewinne der großen Geldinstitute zwar noch privat sind, ihre Verluste aber verstaatlicht werden. Kommen kleinere Banken in Zahlungsschwierigkeiten, werden sie sofort von den Konkurrenten übernommen.

Weiß das Sparpublikum, daß die Banken vom Staat quasi garantiert sind, hebt es das Geld nicht mehr so schnell ab, weil es in den Staat Vertrauen hat.

Alles ist also eine Frage des Vertrauens. Ist das Vertrauen intakt, kann nichts passieren. Im Fall einer Vertrauenskrise geht alles kaputt, auch ohne die 500 Milliarden Schulden – abgesehen davon, daß dieser Betrag heute keine astronomische Summe mehr ist, denn sie entspricht lediglich dem Wert von 40 Milliarden Dollar im Jahr 1946.

2. Währungsreform: Ich habe in meinem Leben mehrere Währungsreformen erlebt, insbesondere zwei große, beide nach einem verlorenen Krieg in Zentraleuropa. Die Länder waren zerstört, Fabriken Schutthaufen, für Rohstoffimporte gab es keine Devisen, die Produktion war auf Null, aber es gab eine Riesenproduktion von Banknoten. Dazu kam noch, daß die Zentralmächte große Kriegsreparationen zu zahlen hatten. Ganz klar, daß die Währung ganz wertlos wurde und man eine neue schaffen mußte. Aber heute? Viele beklagen sich über eine deflationistische Tendenz, Rohstoffe notieren an den Börsen tief, und Industrieprodukte gibt es in Hülle und Fülle. Die letzte, aber weniger bedeutende Währungsreform war die Loslösung des Dollar vom Gold und die Einfüh-

rung flexibler Paritäten zwischen dem Dollar und anderen Währungsarten. Man könnte heute auch eventuell die Schlange der europäischen Währungen Währungsreform nennen, aber eine einschneidende Reform war das auch nicht.

Das Wort Währungsreform kann also, wie schon gesagt, dutzendfach interpretiert werden. Ich bin allerdings auch davon überzeugt, daß die meisten Menschen, die über eine Währungsreform reden, nicht wissen, was sie damit meinen.

Sind also die Bilanzen, Gipfeltreffen, komplizierten Abkommen, sogenannten Umschuldungen – Augenwischereien?

Man kann sie nennen, wie man will. Aber schon Michel de Montaigne, der gescheiteste Franzose seiner Zeit, sagte – obwohl Moralist: »Das allgemeine Wohl verlangt Lügen und Verrat.«

Mit etwas Zynismus würde auch ich behaupten, daß das ganze kapitalistische System eine Illusion, vielleicht sogar ein Schwindel ist, aber eben ein gut gemachter. Gott soll geben, daß er noch lange besteht.

✧ ✧ ✧

Was halten Sie von den neuen Venture-Anlagen?
Man macht ja große Propaganda für diese »Wagniskapital«-Anlagen!

Die Eisenbahnen, die Autoindustrie, Computer und Elektronik und sogar die Wolkenkratzer in Amerika, der Suezkanal und noch viele andere Schöpfungen der modernen Welt waren fast immer *ventures* – Wagnisse. Man könnte vielleicht sogar sagen, daß das ganze moderne Amerika ein *venture* ist. Aber auch die erste AG der Welt, die anglo-kanadische Hudson-Bay-Company, geboren 1670 und noch heute am Leben, hieß adventure (Abenteuer). Bei der Hauptversammlung hat der Vorsitzende seine Rede wahrscheinlich mit »Sehr geehrte Abenteurer« angefangen. Im alten Rom haben sich die Kapitalisten zusammengetan (eine Art AG), um *ventures* in der Seefahrt zu unternehmen.

Nun, 300 Jahre nach Gründung der Hudson-Bay-Company, ist das Wort *venture* in Wall Street und seit einigen Jahren sogar in der Bundesrepublik wieder sehr populär geworden.

Die Bemühungen der deutschen Banken, besonders jene der Deutschen Bank um die Förderung der *ventures* sind um so lobenswerter, als der wirtschaftliche Fortschritt und die Produktivität auf den Widerstand der Gewerkschaften stoßen.

Eines ist allerdings bei der Werbung für Venture-Kapital in der Bundesrepublik zu befürchten: In den letzten 25 Jahren waren in den Geldgeschäften zu viele Haifische tätig, die das Sparkapital von Millionen von Sparern plünderten. Und ich befürchte, daß bei Venture-Kapitalanlagen wieder dieselbe Armada von Vermittlern ihr Unwesen treiben wird, die schon bei IOS, Ölbohrungen, Phantasieabschreibungen und ähnlichen »Anlagen« die schlechtesten Erinnerungen hinterlassen haben. Nichtsdestoweniger muß man diese Gefahr in Kauf nehmen, denn ohne Wagnisse kann kein Land weiterkommen. Es wird immer hinter Amerika und Japan herhinken. Die Pflicht der Presse und strenger Kritiker muß allerdings sein, mit seriösen Analysen und ohne Nachsicht die Spreu vom Weizen zu trennen, wie es zum Beispiel mein Freund Heinz Gerlach – Cato, der Zensor – bei den Abschreibungsgesellschaften seit Jahren macht.

Fazit: Ventures – ja: Wenn es sich um revolutionäre Investitionen handelt.
Nein: Wenn Gesellschaften gegründet werden, um die Aktien zu verkaufen.

Woher stammt Ihre Vorliebe für die Pariser Börse?

Ich habe zwar keine besondere Vorliebe für die Bourse de Paris, muß jedoch objektiv feststellen, daß es sich um eine besonders interessante Börse handelt, an der die gesamte Bevölkerung sehr großen Anteil nimmt, viel mehr als in irgendeinem anderen Land Europas.

Komme ich aus Frankfurt nach Paris, habe ich den Eindruck, als sei ich aus der Trinkhalle eines Kurhauses in das Spielkasino übergewechselt; denn dort an der Place de la Bourse ist selbst dann noch etwas los, wenn eigentlich nichts mehr los ist. Das liegt nicht nur am unterschiedlichen Temperament der beiden Völker, sondern auch an der andersartigen Struktur der Pariser Börse. Mindestens dreitausend Menschen drängen sich in Paris an die Geländer vor den Notierungstafeln, wo teilweise immer noch brav mit Kreide und nassem Schwamm gearbeitet wird. Allmählich führt man jetzt ein von Computern unterstütztes System ein. Seit einigen Wochen kann man vier Aktien den ganzen Tag über Computer handeln. An turbulenten Tagen können auch bis zu sechstausend Interessenten anwesend sein, und alle mußten noch bis vor einigen Monaten ihren Handel innerhalb von zwei Stunden abgeschlossen haben.

In Frankfurt können die Banken den ganzen Tag über feilschen. Dort erscheinen zum Beispiel 24 Kurs- und 27 freie Makler mit einem Troß von vielleicht achthundert Leuten. In Paris besteht die Kundschaft nicht nur aus Investmentgesellschaften, sondern zu einem großen Teil aus

Privatspekulanten, die ihre Engagements oft mehrmals täglich ändern.

Denn im Vergleich zu anderen Börsen sind die Spesen sehr niedrig. Und wer keine Geschäfte machen will, hat dennoch seinen Spaß. Selten habe ich mehr Klatsch gehört als gerade hier, nicht nur von der Börse, sondern auch aus der Welt des Theaters, Kinos usw. Die Leute diskutieren über Politik, erzählen sich Geschichten, von denen meist keine einzige wichtig, die wenigsten überhaupt wahr sind. Das alles läuft unter äußerster Lautstärke ab.

In Paris liegt das Börsengeschäft nicht in den Händen wohlerzogener Bankiers, sondern bei 46 *Agent-de-Change-*Firmen, die durchschnittlich mit je vierzig mehr oder weniger hitzköpfigen Kommis antreten, für die jeweiligen Wertpapiergruppen je einen Mann.

Der Lärm, den sie entwickeln, läßt ein totales Chaos vermuten. In Wirklichkeit herrscht eine straffe Organisation.

Eigentlich geht es im Palais de la Bourse noch fast genauso zu, wie es die genialen Zeichnungen von Honoré Daumier zeigen und Emile Zola es in seinem Roman *Das Geld* beschrieben hat. Der Unterschied zwischen damals und heute ist in Paris kleiner als derzeit der Unterschied zwischen den Börsen von Paris und der Bundesrepublik. Das liegt auch im Charakter der französischen und deutschen Sparer.

Das große Spiel der zahlreichen Berufsspekulanten in Paris läuft von Ölwerten bis zu Warenhäusern oder Kosmetik und Getränken. Lange Jahre waren auch südafrikanische Goldminen Favoriten. Das französische Publikum war immer gegenüber Öl- und Minenabenteuern sehr aufgeschlossen. Als ich zur Pariser Börse kam, wurden noch Dutzende von alten russischen Industrieaktien gehandelt.

Der Terminmarkt mit der großen Palette von Options-, Prämien- und *Stellagegeschäften* (eine Art Optionsgeschäft) führt zu den waghalsigsten Spekulationen, abgesehen davon, daß auf dem Terminmarkt schon ein 30prozentiger Einsatz genügt. Gewisse Transaktionen erinnern an gigantische Pokerpartien, bei denen zwei Gegner – die Hausse- und die Baissepartei – einander zu strangulieren versuchen. Sogenannte Corner-Syndikate (wie vor eingen Jahren die Hunt-Silberkontrakte) sind mit Hilfe des Termin- und Optionshandels an der Tagesordnung.

Es gibt natürlich Tausende von kleinen Mitläufern und darunter auch unzählige Opfer. Dutzende von Syndikaten manipulieren Aktienkurse hoch, um sie dann dem Publikum, mitunter sogar naiven Geldmanagern von Investmentfonds anzudrehen.

Abgesehen von diesen irreführenden Manipulationen gewisser Syndikate, sind die Transaktionen an der Pariser Börse wie in der Bundesrepublik absolut korrekt mit dem Unterschied, daß der Pariser Markt dank des Terminhandels von Tausenden von Parasiten und Profispekulanten viel liquider ist.

Das deutsche Publikum konnte man jahrelang – bis 1984 – nicht zur Börsenspekulation verführen. Es zog vor, seine Sparpfennige mit Abschreibungen und anderen zwielichtigen Geschäften zu verlieren, obwohl es mit der Börse romantischer ist. Vielleicht fehlt den deutschen Börsen jenes jüdische Element, die Triebkraft der Finanzspekulation.

In Paris dagegen wie auch in London, Wall Street und Johannesburg gibt es noch viele Grüns und Kohns, ohne die eine Börse selten eine wirkliche Börse ist.

Mit einem Wort: Paris nutzt die Börse zum Spiel, der brave Deutsche benutzte sie jahrelang nur zum Investieren.

Das ist der große Unterschied. Aber wie sagen die Franzosen: Vive la différence!

✧ ✧ ✧

Was halten Sie von Optionen*?*

Diese Frage ist nicht einfach zu beantworten. Denn der Optionsmarkt ist ein Zweiparteiensystem (wie auch die gesamte Börse). Er besteht nicht nur aus Haussiers und Baissiers, denn die zwei Parteien sind wieder gespalten in Optionskäufer und -verkäufer. Jeder Haussier und Baissier kann auch Optionskäufer oder -verkäufer sein (im Börsenjargon Stillhalter oder Schreiber genannt).

Man muß sich also entscheiden, von welcher Partei die Rede ist. Seit über 60 Jahren gehöre ich beiden Parteien an und habe in den zwanziger und dreißiger Jahren viele Millionen Optionen gehandelt – in Paris, Berlin, Zürich und anderen Orten, zu einer Zeit also, in der man in Wall Street nicht einmal wußte, was Optionen sind. Es gab wenige Makler, die sich außerhalb der Börse damit befaßten und in der Presse anzeigten, in welchen Papieren – es waren nur einige wenige – sie Optionen veräußern wollten. Diese Makler waren nicht einmal Börsenmitglieder und standen manchmal finanziell auf sehr schwachen Füßen. So kam es für einen wirklichen Börsenprofi kaum in Frage, in Optionen etwas zu unternehmen. In Europa dagegen war das Optionsgeschäft gigantischer. Mal habe ich gewonnen, mal habe ich verloren, aber auf alle Fälle eine große Erfahrung gesammelt.

Der Optionsmarkt ist ein riesiges Spielkasino, das allerdings auf dem Finanzmarkt eine nützliche Funktion erfüllt. Optionshandel fördert die Spekulation und dadurch die Liquidität der Börse. Tausende von Optionskäufern werden

Tausende von Geldanlegern veranlassen, auf der Basis dieser Aktien mit Optionen stillzuhalten.

Ich möchte daher für Anfänger eine kleine philosophische Analyse vornehmen:

Der Optionskäufer ist ein Spieler, der Stillhalter (auch Schreiber genannt) ein Kapitalist, ein Wucherer, der die Aktien voll bezahlt, die der Optionskäufer nicht bezahlen kann oder will. Er eröffnet damit dem Spieler die Chance, von einer möglichen heftigen Kursveränderung in relativ kurzer Zeit zu profitieren. Die Schreiber lassen die Spieler quasi auf ihrem Rücken spielen, wofür sie einen bestimmten Betrag, das heißt die Option, kassieren. Der hieß einst trefflich »Reuegeld«, weil die Spieler sehr oft bereuen mußten, Optionen gekauft zu haben.

Jeder, der in klassischen Spielen wie Pferderennen oder Roulett Erfahrung hat, kennt Außenseiter und Favoriten. Die Stillhalter sind wie die Favoriten beim Rennen. Beim Roulett sind sie diejenigen, die so viele Zahlen wie möglich setzen. Das Prinzip ist dasselbe: je größer die Gewinnchancen, desto kleiner der Profit. Je kleiner die Chancen, um so größer der Gewinn. Bei den Aktienoptionen gibt es natürlich kleine Verschiebungen in der Relation von Risiko und Gewinn – abhängig von der Qualität der Aktien. Aber das sind Nuancen, die man erst nach langjährigen Erfahrungen erkennen kann. Die meisten Sparer, die zu diesen Geschäften durch riesige Werbung verführt werden, haben solche Erfahrung nicht.

Oft genug mußte ich mit Entsetzen feststellen, daß selbst die Spezialisten, die ihre Ratschläge anbieten, überhaupt keine Erfahrung haben. Die Werbetexte sind praktisch immer betrügerisch; ihre Verfasser versprechen bei »Optionsanlagen« 100 oder sogar 300 Prozent Profit und können das sogar schwarz auf weiß beweisen.

Aber schon das Wort »Anlage« ist betrügerisch; denn eine Option ist keine Anlage, sondern Spielgeld. Am Roulettisch gesetzt, bringt dieses Geld das Doppelte oder sogar das Sechsunddreißigfache – oder nichts. Es ist daher ein schlechter Scherz, mit 100 Prozent Gewinn zu protzen, wie es auch ein Witz wäre, wenn ein Roulettspieler an einem Nachmittag sein Spielgeld verdreifacht und sich dann damit rühmt. Ich war selbst dabei, als Winston Churchill oder der alte schwedische König Gustav V. in Monte Carlo am Roulettisch hie und da den großen Treffer landeten. Das Publikum klatschte Beifall, doch nur um den alten Herren eine Freude zu machen.

Man kann natürlich durch Optionskauf groß gewinnen, ja reich werden, wenn man eine Tendenz im richtigen Moment erwischt – kurz bevor die Aufwärtsbewegung einsetzt.

Die Wahrscheinlichkeitsverteilung ist für den Optionskäufer schlecht und außerdem – und das ist die große Gefahr – zeitbedingt. Unter fünf Fällen wird er viermal verlieren oder umsonst spekulieren und nur im fünften Fall gewinnen; denn die Aktie kann bis zum festgelegten Termin unverändert bleiben, wenig oder stark fallen, wenig steigen, stark steigen.

Treten die vier ersten Fälle ein, wird der Spekulant wissen, warum die Börsianer das verlorene Geld »Reuegeld« nennen. Nur wenn seine Aktie zu dem festgelegten Termin erhebliche Kurssteigerung aufweist, hat sich die Spekulation gelohnt. Ich will niemanden von Optionskäufen abhalten, als Börsenspekulant wäre ich dafür ja auch ungeeignet. Aber nach einer Statistik der US-Börsenaufsicht verlieren 80 Prozent der Optionskäufer das eingesetzte Geld. Der Sparer verliert alles, wenn die erwartete Kurssteigerung auch nur einen Tag zu spät eintrifft. In diesem Fall hat er zwar in der Tendenz richtig »spekuliert«, aber falsch gespielt. Die Strategie war richtig, die Taktik falsch. Was die Käufer verlieren, kassieren die Stillhalter, die nicht zufällig meist mit den großen Banken und Versicherungen identisch sind. Diese Institutionen besitzen riesige Aktiendepots, auf die sie ununterbrochen Optionen verkaufen. Der größte Stillhalter, erzählt man in Wall Street, sei der Vatikan. Die Praxis lehrt, daß das Stillhalten, wenn es ununterbrochen fortgesetzt wird, für den Stillhalter automatisch eine Rendite von 20 bis 25 Prozent im Jahr abwirft. Unter automatisch verstehe ich folgendes: Nachdem der Stillhalter die Option kassiert hatte, die Papiere aber nicht liefern mußte, verkauft er sofort eine Option auf den nächsten Termin. Wenn er aber die Papiere seinem Optionskäufer abgeben mußte, hat er einen kleinen Gewinn, kauft gleich das Papier zurück und verkauft wieder eine Option darauf. Und das muß er reibungslos, ohne Unterbrechung wiederholen.

Man erzählt, daß in früherer Zeit ein alter jüdischer Börsianer seinen Freund folgendes fragte: »Woher nehmen die Christen das viele Geld, das sie uns in Optionen bezahlen?«

Das ist lange her, seitdem haben auch die Christen, sogar der Vatikan das Stillhalten gelernt. Ob eine Option preiswert ist oder nicht, hängt immer von folgenden Komponenten ab: vom Optionstermin (das Wichtigste), vom Optionspreis, vom Börsenkurs der Aktie, vom Kurs, zu dem man die Option abrufen kann, und ganz besonders von der Dynamik der Aktie. Je spekulativer sie ist, um so besser. Das Allerwichtigste ist aber, und das kann ich nicht genügend betonen, sich darüber im klaren zu sein, daß die Option kein Wertpapier ist, keine Aktie, keine Anlage, sondern nur Spielgeld, quasi ein Lottoschein. Der Käufer kann seinen Einsatz binnen weniger Monate total verlieren. Und wenn er den Optionskauf öfter wiederholt, kann er dabei langsam verbluten. Wer auf dem Optionsmarkt tätig ist, muß jedenfalls genauer wissen, was er tut, als jeder andere Spekulant.

Das Verhältnis von Aktie zu Option kann man ungefähr beschreiben wie das Verhältnis von Rennstallbesitzer zum Wetter beim Pferderennen. Einen Rennstall kann man manchmal sogar als Kapitalanlage betrachten, denn wenn die Pferde gewinnen, bringen sie einen Ertrag. Der Spieler wettet, gewinnt oder verliert mit dem Rennen. Der Stall gewinnt Preise und kann dadurch die Pferde sehr günstig veräußern. Die erzielten Gewinne entsprechen den Dividenden der Aktien.

Ist der Handel mit Optionen auch ohne einen wirklichen Terminmarkt interessant?

Der Handel ohne Terminmarkt ist weniger interessant, weil man gegen *Kaufoptionen* keine Leerverkäufe tätigen kann, obwohl das die Optionen attraktiver machen würde. Statt dessen kann man in den USA und in der Bundesrepublik mit *Verkaufsoptionen* handeln. Derjenige, der eine Verkaufsoption erwirbt, hat das Recht, bis zu einem festgesetzten Termin die Papiere zu liefern bei einem festgelegten Kurs. Also genau dasselbe wie die Kaufoptionen, nur umgekehrt: mit Spielchancen für den Fall, daß der Markt zurückgehen sollte. Die Philosophie ist genau dieselbe wie bei den Kaufoptionen.

Wenn nach einem Börsenkrach alle Symptome für eine Wende sprechen, welche Aktienkategorie sollte man dann kaufen? Die, die sich behauptet haben, die wenig oder stärker gefallen sind oder die, die total zusammengebrochen sind?

Daß sich gewisse Werte behaupten oder sogar fast stabil bleiben konnten, wird gute Gründe haben, die wir nicht kennen. Die völlig zusammengebrochenen Werte waren wahrscheinlich nahezu pleite. Diese bleiben zwar in Gefahr, haben aber die Chancen der größten Preissteigerung, wenn sie doch nicht in Konkurs gehen, was durch die Wende jetzt möglich ist. Daher würde ich eine Mischung aus den beiden machen. Nach jedem Krach gibt es eine Serie solcher Aktien, deren Kurse aufgrund der hohen Zinsen oder vorübergehender betrieblicher Schwierigkeiten vollkommen zusammengebrochen sind.

Den Kauf dieser Aktien kann man quasi als Optionskäufe betrachten. Mit ihnen kann man den Einsatz eventuell ebenso verdoppeln oder verdreifachen, wenn die große Wende kommt, aber mit dem Vorteil, daß die Chancen zeitlich nicht begrenzt sind. Der Käufer dieser Aktien kann ausharren, bis der Markt sich wieder dreht – sogar wenn es Jahre dauert, während der Optionskäufer mit seinen wiederholten Optionskäufen längst verblutet ist.

✧ ✧ ✧

Welchen Einfluß hat die Steuerpolitik einer Regierung auf den Kapitalmarkt, das heißt auf die Börse?

Die Steuerpolitik hätte einen gewissen Einfluß, aber im Gegensatz zur Kreditpolitik ist sie als Instrument nicht kurzfristig einsetzbar, weil sie der Zustimmung des Parlaments unterliegt. Während ein Parlament über Steuerpolitik hin und her debattiert – darüber gibt es in allen Ländern zwischen Regierung und Opposition Differenzen –, kann die Inflation weiterlaufen. Wird die Inflation durch allgemeine Steuererhöhung, das heißt durch Abschöpfung von Kaufkraft gedämpft, wird die Börse nicht oder kaum darunter leiden. Dagegen kann die Regierung, das heißt die Notenbank, mit ihrer Geld- und Kreditpolitik jederzeit eingreifen und durch Restriktionen in Form von Verteuerung der Zinsen und Verknappung die Inflation der Geldmenge bekämpfen. In diesem Falle reagiert die Börse sehr bald, manchmal sofort, mit fallenden Kursen. Ich möchte dieses Phänomen durch folgendes Beispiel erläutern: Ein Auto rollt einen Hang hinab und soll gebremst werden. Es gibt zwei Möglichkeiten: a) durch Schaltung in einen niedrigeren Gang – das entspricht der Finanzpolitik in unserem Fall. Der Motor, das heißt die Wirtschaft, wird sich verlangsamen. b) Benützt man die Bremse, das entspricht in unserem Falle der Kreditpolitik, wird der Motor quietschen, und quietschen wird auch die Börse, wenn man die Zinsen erhöht.

Also ist die Inflation ein Baissemoment für die Börse?

Nein. Nicht die Inflation sondern der Kampf gegen die Inflation und dann wiederum hauptsächlich, wenn er mit der Kreditpolitik geführt wird, zu fallenden Kursen.

Welche anderen Methoden gibt es, die Inflation zu bekämpfen?

Ich sehe keine andere außer einem psychologischen Faktor. Das ist das Vertrauen, das die Bevölkerung in ihre Regierung setzt.

Was sind eigentlich die Ursachen der Inflation?

Es gibt mehrere Gründe. Wenn zum Beispiel die Nachfrage nach Gütern größer ist als das Angebot, treibt das die Preise in die Höhe; die Preise steigen an, wenn die Arbeitnehmer ununterbrochen höhere Löhne fordern, und dadurch die Kosten der Waren steigen. Dies ist um so gefährlicher, da die höheren Preise für die Ware wieder neue Lohnerhöhungen nach sich ziehen. Das nennt sich Lohn-Preis-Spirale. Um diese zu stoppen, muß eine sehr starke Regierung im Amt sein, denn die demokratischen Regierungen neigen sehr oft zur Demagogie und würden nicht gern unpopuläre Gesetze einführen, ohne die man aber diese Spirale nicht stoppen kann.

Der gefährlichste Faktor für die Inflation aber ist die Inflationserwartung. Da entwickelte sich wieder eine psychologisch motivierte Kettenreaktion. Die Preise fangen an zu steigen aus den genannten fundamentalen Gründen, die Bevölkerung wird nervös, besonders in den Ländern, in denen sie verheerende Inflationen schon erlebt hat, die Spekulation greift ein, weil sie weitere Inflation erwartet, und mit ihrer Spekulation auf weitere Inflation treibt sie die Preise noch weiter und untergräbt damit auch das Vertrauen der Sparer. Die letzte große Welle der Inflation war eine Kosteninflation durch die künstlich in unangemessene Höhen manipulierten Ölpreise, an die sich dann auch die anderen Energiepreise anpaßten.

✧ ✧ ✧

Was halten Sie im allgemeinen von Spielsystemen an der Börse?

Diese Frage möchte ich mit einer kleinen Anekdote illustrieren: In Paris gehe ich jeden Tag am Café Fouque's vorbei, einem Treffpunkt von Geschäfts- und Filmleuten, Spekulanten und Künstlern. Mir fiel auf, daß jeden Sonntag ein und dieselbe Tafelrunde von zehn bis zwölf älteren Herren dem Referat eines anderen älteren Herrn bewundernd zuhörte. Inzwischen habe ich erfahren, worum es geht. Der Kreis bestand aus wohlhabenden russisch-polnischen Exunternehmern. Der Dozierende hatte vor einiger Zeit im Laufe von sechs Monaten zweimal hintereinander im Lotto den Haupttreffer gemacht und brachte nun sein »System«, wie man Lotto spielen muß, seinen Jüngern nahe.

Diese hörten andächtig und aufmerksam zu und machten sich sogar Notizen. Wie könnte ich diese Szene vergessen, wenn mir die Frage nach »wissenschaftlichen« Spielsystemen gestellt wird. Aber genauso skeptisch stehe ich Prognosen von selbsternannten Gurus wie Joe Granvill oder Henry Kaufman gegenüber.

Weil Granville einmal einen Rückschlag von dreißig Punkten des Dow-Jones-Indexes vorausgesagt (besser: erraten) hatte, ernannte er sich selbst in marktschreierischer Weise zum unfehlbaren Börsenguru und beanspruchte dafür sogar nicht weniger als den Nobelpreis für Wirtschaftswissenschaft. Dabei hatte er den Rückschlag selbst verursacht, indem er zwanzigtausend bis fünfzigtausend Telegramme an Aktienbesitzer verschickt hatte, in denen er aggressiv den Verkauf aller Aktien empfohlen hat. Wenn Tausende von naiven Sparern plötzlich ihren ganzen Aktienbesitz auf den Markt werfen, können sie leicht einen Rückschlag von 30 Punkten (was nicht einmal mehr als 3 Prozent ausmachte) verursachen. So ist Granville über Nacht der anerkannte Börsenguru geworden, auf den auch Tausende von Börsenspielern in der Bundesrepublik schwören. Ich glaube, seitdem sind diese Granville-Jünger wieder etwas nüchterner geworden; denn derselbe Guru wollte vor einigen Jahren, als der Dow-Jones-Index 750 stand, wieder einmal seine Fähigkeit beweisen wollen und prophezeite mit absoluter Sicherheit, daß der Dow in kürzester Zeit inmitten eines totalen Zusammenbruchs auf 450 fallen würde. »Ich befehle es den Großmüttern [er wollte damit sagen, auch den alten Damen], auf diesen Krach zu spekulieren, der todsicher unvermeidbar ist.« Was dann geschah, ist heute schon Wall-Street-Geschichte: Der Dow Jones ist, statt auf 450 zu fallen, auf 1850 gestiegen, eine spektakuläre Aufwärtsbewegung, wie man sie in der Finanzgeschichte noch nicht erlebt hatte. Das Bemerkenswerte an dieser Angelegenheit ist, daß sich Herr Granville seines Irrtums nicht schämt, sondern weiter mit großem Tamtam Prophezeiungen macht. Der Aufwand, mit dem er vor ein paar Jahren sogar in der Bundesrepublik auftrat, ist peinlich.

In einer öffentlichen Debatte, die ich mit ihm vor der Presse hatte, protzte er höhnisch: »Mister Kostolany behauptet, daß er in hundert Fällen einundfünfzigmal recht behält und ihm das genügt. Das ist ja ein Spaß. Ich habe unter hundert Fällen hundertmal recht. Ich sage auch nicht ›ich glaube‹ oder ›ich meine‹ – ich sage: Ich weiß es!« Am interessantesten ist aber, was er mir unter vier Augen gestand: »You know, Mister Kostolany, I am a ham [Schmierenkomödiant]!« Und Hunderttausende von Sparern in der Welt hingen an seinen Lippen.

Wie Joe Granville hat auch Henry Kaufman vor einigen Jahren hie und da eine Entwicklung der Zinsen richtig erwischt. Seit Jahren liegt er jedoch ununterbrochen falsch und prophezeit immer etwas, was schon längst im Gange ist, das heißt, er dreht sich mit dem Wind. Mein Eindruck ist, daß er mit seinen Prophezeiungen den Anleihemarkt beeinflussen will. Irgendeine Gruppe baute mit Millionenwerbung seinen Ruf als »Zinsprophet« auf, damit er mit seinen Erklärungen die Kursentwicklung des Anleihemarkts mindestens auf kurze Sicht beeinflussen kann.

Unter den vielen selbsternannten Börsengurus gab es auch einen gewissen Kurt Oligmüller, mit dem ich sogar persönliche Erfahrungen machte. Als ich mich einmal über Sternengucker, Börsenalchimisten und ähnliche Gelehrte lustig machte, nahm er meine Kolumne als persönliche Beleidigung, obwohl ich seinen Namen nie erwähnt hatte. Er machte nämlich eine Riesenwerbung für seine neuerfundene Theorie, wie man die Kursentwicklung einer jeden Aktie mit der größten Präzision voraussagen kann. Einige bekannte Journalisten haben ihn für diese Erfindung sogar gefeiert. Er nannte seine Theorie den »Goldenen Schnitt«.

Er schrieb mir einen recht groben Brief, beschimpfte mich und behauptete, daß Joe Granville in seinem kleinen Finger mehr Wissen von der Börse hätte als ich in meinem Kopf. Er forderte mich auf, in meinen Kolumnen nicht alte Börsenanekdoten zu erzählen, sondern genau vorauszusagen, wie irgendeine Aktie in dreißig Tagen stehen wird. Denn die Börse sei eine harte Wissenschaft, schrieb er, die man kennen und studieren müsse.

Seine Theorie endete leider sehr tragisch, da er einige Monate später Selbstmord beging, nachdem er zuvor seine Frau erschossen hatte. In seinem Abschiedsbrief schrieb der arme Mann, er halte noch immer daran fest, daß seine Theorie unfehlbar sei, aber leider habe er nicht mehr die Nerven und die Gesundheit, daran festzuhalten. Er verlor das ihm anvertraute Geld seiner Kunden bis zum letzten Pfennig. Dieser tragische Fall ist der beste Beweis, wie besessen Systemspieler sein können. Ich glaube eher, daß er ein Opfer von Granvilles Prophezeiungen war; denn wie ich erfuhr, hatte er in Chicago auf dem Indexmarkt gespielt, wo er mit dem ganzen ihm zur Verfügung stehenden Geld auf den von Granville vorhergesagten Sturz der New Yorker Börse spekulierte.

Die Liste all dieser Besessenen ist lang und wäre eines neuen Buches würdig. Sie erinnern mich alle zwangsläufig an den Lottopropheten bei Fouque's.

Fazit: Man muß die größte Vorsicht walten lassen und all diesen Wahrsagereien und Prophezeiungen widerstehen. Aber leider vergißt das Publikum schnell, und je größer die

Verheißung, um so eher fällt es darauf herein. Die meisten denken, etwas müsse doch daran sein.

✧ ✧ ✧

Darf man notleidende Anleihen *kaufen?*

Die notleidenden Anleihen bieten einem Spekulanten oft die allergrößte Chance, aber natürlich nur für den Fall, daß der Schuldner, sei es zum Beispiel ein Unternehmen, ein Staat oder eine Gemeinde, wieder ins finanzielle Gleichgewicht kommt, das heißt saniert wird und die Zins- oder Kapitalrückzahlungen wiederaufnimmt. Jeder einzelne Fall muß genau untersucht werden. Gleich nach dem Ersten Weltkrieg und dann nach dem Zweiten Weltkrieg gab es Dutzende von Fällen, in denen man mit notleidenden Anleihen Riesengewinne machen konnte.

Nach dem Zweiten Weltkrieg waren diese Chancen am größten bei den alten deutschen, italienischen und japanischen Anleihen. Abgesehen davon, daß dabei die Frage gestellt werden mußte, ob diese Staaten die Zinszahlungen wiederaufnehmen werden, die sie während des Krieges eingestellt hatten, gab es Dutzende von Fragen, die geklärt werden mußten: Wer war zum Beispiel in dem Land der Schuldner – der Staat, die Länder, Kommunen, Körperschaften oder Privatunternehmer? In der Bundesrepublik erhob sich die Frage, ob sich der Schuldner in Ostdeutschland oder in der Bundesrepublik befand, in welcher Währung und welchen Ländern die Anleihen ausgegeben worden waren und ob Spezialgarantien auf die Schulden verbrieft waren. Oft waren sie mit Gold oder anderen Garantien versehen.

Den größten und spektakulärsten Kursgewinn machte die deutsche 5 1/2prozentige Younganleihe, die von einem Kurs von 250 Franc im Jahre 1946 (für eine Nominale von

1000 Franc) in vier Jahren bis zu 35000 Franc stieg. Zu diesem Preis löste die Bundesrepublik sie wieder ein.

Wie war das möglich, mit 35 000 Franc eine Anleihe von 1000 Franc einzulösen?

Weil diese Anleihe mit einer Goldklausel verbunden war. Seit der Ausgabe 1930 hat sich der französische Franc bis zu den vierziger Jahren dramatisch entwertet. Die Bundesrepublik unter Bundeskanzler Adenauer wollte Deutschlands Kredit spektakulär aufwerten. Sie wollte die französischen Anleihebesitzer nicht schädigen und hat die Rückzahlung zwar nicht in Gold, aber mindestens in Dollar revalorisiert. Die 1000 Franc von 1930 entsprachen mit den rückständigen Zinsen zusammen nach dem Krieg 35000 Franc. So ein Spekulationscoup, wie man ihn mit dieser Anleihe machen konnte, kommt in der Börsengeschichte allerdings nicht häufig vor.

Welche Bedeutung messen Sie der Preis-Gewinn-Relation bei Aktien bei?

Die Preis-Gewinn-Relation ist der einzige Maßstab, mit dem man sich zumindest eine kleine Idee vom Wert einer Aktie machen kann. Sie dient auch zum Vergleich von zwei Werten derselben Branche und desselben Landes. Hat zum Beispiel in der US-Stahlindustrie zwischen zwei wirtschaftlich vergleichbaren Unternehmen das eine eine Relation 1:10 und das andere 1:20, so kann man daraus schließen, daß die erste billiger ist als die zweite. Doch muß es sich dabei um wirklich vergleichbare Unternehmen handeln, und sogar das will nichts bedeuten; denn diese Diskrepanz kann aus verschiedenen technischen Gründen noch jahrelang erhalten bleiben. Es gibt so viele verschiedene Einflußfaktoren, Motivationen und Nuancen bei jeder einzelnen Aktie, daß man mit keinem Automatismus rechnen darf. Es gibt sowieso keine Automatismen an der Börse.

Die Einschätzung einer Preis-Gewinn-Relation, ob sie nun zu hoch oder zu tief ist, hängt hauptsächlich von zwei Faktoren ab: der allgemeinen Rendite des Kapitalmarktes und natürlich der psychologischen Einstellung des Publikums. So kann es vorkommen, daß derselbe Analytiker dieselbe Preis-Gewinn-Relation für ein und dieselbe Aktie einmal als zu hoch, einige Jahre später jedoch als zu tief einschätzt.

Ein interessantes Beispiel ist die IBM-Aktie. In der euphorischen Wall-Street-Phase der siebziger Jahre stand die Akte 1:40 (Preis-Gewinn).

Die Relation war so hoch, da die allgemeine Meinung über die Qualität von IBM äußerst positiv war. Man rechnete mit von Jahr zu Jahr permanent steigenden Gewinnen von 10 Prozent. Die fundamentalen Voraussagen für IBM waren richtig: Die Gewinnentwicklung verlief wie erwartet. Nichtsdestoweniger lag sie einige Jahre später bei einer Preis-Gewinn-Relation von 1:7. Dies war eingetreten, weil erstens die Rendite des Kapitalmarktes äußerst hoch, bei 17 bis 18, sogar bei 20 Prozent war und zweitens die psychologische Einstellung des Publikums sich äußerst pessimistisch entwickelt hatte. Bei 40 war die Aktie vielleicht über-, bei 7 sicher unterschätzt.

Die Aufgabe eines guten Spekulanten ist also, den Übertreibungen keinen Glauben zu schenken und sich gegen den Konsensus zu richten. An der Börse bekommt ja fast immer nur eine Minderheit recht, und die Mehrheit irrt.

Gibt es mehr Optimisten oder mehr Pessimisten an der Börse?

Bei jeder Transaktion und jedem Kurs gibt es einen Käufer und einen Verkäufer, das heißt einen Optimisten –

wenn auch nur für zehn Minuten – und einen Pessimisten. Und diese tauschen die Papiere manchmal x-mal im Verlauf eines einzigen Börsentages. Die Tendenz ergibt sich aus der Frage, was für wen wichtiger und dringender war: für den Optimisten, Papiere zu erwerben, oder für den Pessimisten, seine Papiere zu veräußern.

Alles hängt davon ab, von welcher Seite die Aufträge *bestens* oder bei limitiertem Kurs gegeben werden. Gibt es an einem Börsentag nur *Bestens-Verkaufsaufträge* und limitieren die Käufer ihre Kurse, dann fallen die Papiere wahrscheinlich auf jenen sehr niedrigen Kurs, bei dem die Käufer bereit sind, die Aktien zu erwerben. Melden sich überhaupt keine Käufer, würden die Kurse in die Tiefe fallen, ohne daß eine einzige Transaktion stattgefunden hätte, und auch umgekehrt. Gibt es andererseits an einem Börsentag nur Käufer mit Bestens-Aufträgen und überhaupt kein Angebot, würden die Kurse theoretisch rasch in die Höhe steigen ohne jegliche Transaktion. An den großen Börsen des Westens und in Tokio habe ich weder den einen noch den anderen Fall erlebt. Aber auf kleineren Märkten kam es in den vergangenen zehn bis zwanzig Jahren schon einigemal vor. Die Börse in Lissabon mußte, als Spinola die Macht übernommen hat, schließen, weil überhaupt keine Möglichkeit bestand, auch die kleinste Menge Aktien zu verkaufen.

Das Gegenteil davon konnte man in Buenos Aires erleben, als die schöne Isabella, die Diktatorin von Argentinien, von einer Militärjunta verhaftet wurde. Die Börse wurde für dreißig Tage geschlossen, da kein Angebot vorhanden war. Und als man sie endlich wieder eröffnen konnte, handelte man die Papiere zum hundertfachen Preis von vorher.

Wie hoch kann man die Zahl der Teilnehmer an der Börse schätzen?

Zur absoluten Zahl der Aktionäre gibt es in jedem Land mehr oder weniger exakte Statistiken. Die Zahl der Teilnehmer an Börsenspekulationen, also auch solcher Aktionäre, die nicht langfristig anlegen, kann man nur nach der Tendenz schätzen. Während einer Aufwärtsbewegung steigt die Zahl der Teilnehmer immer höher und kulminiert während der Euphorie. Dann gibt es die größte Streuung der Aktien unter vielen kleinen Aktionären. Natürlich ist dies sehr negativ für die weitere Entwicklung, denn der größte Teil dieser Aktieninhaber sind untrainierte, zittrige Neulinge, die bei der ersten Umkehrreaktion in Panik geraten. Gleichzeitig schwingen zwar noch die letzten Wellen der dritten Phase der Aufwärtsbewegung, aber der Markt kann explosiv und äußerst gefährlich sein.

Während der Aufwärtsbewegung wird die Zahl der Teilnehmer dagegen immer kleiner und kleiner, und am Tiefstpunkt schmelzte sie zu einer kleinen Gruppe, in deren Händen große Mengen von Papieren konzentriert sind.

Was halten Sie von Nummernkonten in der Schweiz?

Ich möchte hier endlich ein altes Märchen zerstören: Das Nummernkonto in der Schweiz ist ein Werbegag, wenn auch – das gebe ich zu – ein sehr attraktiver. Die geheimen Nummernkonten in der Schweiz sind keineswegs völlig anonym, aber es gibt ein strenges Bankgeheimnis.

Das Nummernkonto hat immer auch einen Namen – den des Inhabers –, wie jedes Namenkonto auch eine Nummer hat. Der Vorteil besteht lediglich darin, daß nur eine begrenzte Zahl von Bankangestellten den Namen des Inhabers kennt. Dadurch ist der Kunde gegen Indiskretionen besser geschützt. Selbst wenn ein Brief oder ein Kontoauszug mit einer Nummer ohne Namen in falsche Hände fallen sollten, könnten diese Dokumente nicht mißbraucht werden.

Das Bankgeheimnis in der Schweiz ist grundsätzlich garantiert, und jede Verletzung wird strafrechtlich, eventuell sogar mit Gefängnisstrafen geahndet, auch wenn der Delinquent nicht dem Geldinstitut angehört.

Das Bankgeheimnis bezieht sich zwar auf alle Namen- oder Nummernkonten, ist jedoch in gewisser Hinsicht auch begrenzt: Bei Kriminalfällen, Erbschaftsangelegenheiten, Konkursen oder Schuldeintreibung hört es auf. Aber selbst in diesen Fällen bedarf es eines Schweizer Gerichtsurteils.

Regierungen, Finanzämtern, den Steuerbehörden, der Devisenpolizei und so weiter wird dagegen jede Auskunft verweigert. Steuerhinterziehung, Devisenverstöße und ähnliches sind in der Schweiz kein Verbrechen, kein Vergehen und noch nicht einmal eine Sünde. In diesen Fällen ist das Bankgeheimnis »kategorischer Imperativ«.

Das Asylrecht der Schweiz ist historisch. Nach dem Aufheben des Ediktes von Nantes (1685) haben es die französischen Protestanten genossen, 150 Jahre lang waren politische Flüchtlinge aller Richtungen – von Napoleon III. bis Lenin – dort willkommen. Und für die Schweizer Verfassung sind persönliche Freiheit und Privateigentum untrennbar und genießen denselben Schutz.

Besonders zimperlich sind die Schweizer bei Nachforschungen in Steuerangelegenheiten. Wilhelm Tell ist nicht dank des Apfels und Bogens zum legendären Helden der Schweizer geworden, sondern weil er den Aufstand gegen die übertriebenen Steuerforderungen des Tyrannen Rudolf von Habsburg angeführt hatte.

Ungefähr siebenhundert Jahre später hat der Schweizer Minister und Sonderbotschafter Walter Stucki in Washington die Rolle eines modernen Wilhelm Tell gespielt, als er trotz des Drucks Schweizer Exporteure den zähesten Widerstand gegen die amerikanische Forderung leistete, einen Einblick in amerikanische und europäische Konten zu erlangen. Die Hartnäckigkeit der Schweizer war in den USA unverständlich, in einem Land, in dem jeder Bankangestellte einem jeden über jedes Bankkonto Auskunft geben kann. Ich selbst war oft empört über die Indiskretion der Broker und Banker in bezug auf die Transaktionen ihrer Kunden.

Es ist schon paradox, daß in dem freiesten Land der Welt die Agenten des Schatzamtes, T-Männer genannt, quasi inquisitorische Macht über die Steuerzahler haben.

Das Bankgeheimnis, eventuell auch ohne Nummernkonto, wird existieren, solange Helvetica – Schweiz heißt. Unabhängig von der Devisensituation in der Welt und der Kursentwicklung des Schweizer Franken werden die Schweizer Banken ihre Popularität bei den Sparern in aller Welt behalten, weil sie ihre Kunden wie Gäste vornehmer Sanatorien behandeln.

Absolut anonyme Bankkonten existieren noch in Ungarn und in der Tschechoslowakei. Sie sind nur für Inländer, und es ist der Bank strengstens verboten, bei Einzahlungen oder Abhebungen nach dem Namen des Kunden oder der Herkunft des Geldes zu fragen. In Österreich gibt es auch Nummernkonten, aber in diesem Land existiert noch immer eine Zwangswirtschaft. In Westeuropa gibt es nur einen kleinen Flecken, wo man anonym Konten haben kann und wo absolut freie Devisenwirtschaft herrscht: Kleinwalsertal. Dies ist österreichisches Hoheitsgebiet, bietet also die Möglichkeit, ein anonymes Konto zu besitzen, dort gilt aber die deutsche Währung. Dadurch entfallen Deviseneinschränkungen.

Was sind eigentlich »Steueroasen«?

Die Steueroase lohnt sich nicht für jederman, selbst für Vermögende nicht immer. Denn alle Länder des Westens sind heute in Steuersachen eng miteinander verbunden. Sie halten sich an zwei Prinzipien:

1. Jeder Bürger muß Steuern zahlen.
2. Kein Einkommen wird doppelt besteuert, sofern zwischenstaatliche Abmachungen bestehen.

Wenn ein Millionär sein liquides Kapital vor dem Finanzamt seiner Heimat verheimlichen will, so ist ihm dies möglich. Er hält sein Wertpapierdepot und Bargeld unter dem Namen einer Oasenfirma, jedoch in einer Großbank eines x-beliebigen westlichen Landes. So wird er keine Vermögens- und Kapitalgewinnsteuer zahlen müssen. Aber die Coupons und Dividenden der Wertpapiere werden automatisch besteuert in einem Land, aus dem sie stammen, das heißt, eine »Quellensteuer« wird abgezogen.

Aber ein Kaufmann oder Unternehmer wird, auch wenn er eine Briefkastenfirma im Stillen Ozean besitzt, keine Steuern einsparen können. Will er ganz und gar keine Steuern zahlen, muß er bonafide ständiger Resident des Oasenlandes werden. Aber nach deutschem Recht bleibt ein Bundesbürger in der Bundesrepublik noch zehn Jahre steuerpflichtig.

Die Gewinne seines Unternehmens oder seiner Immobilien werden wie vorher in der Heimat versteuert. Ist er zehn Jahre draußen, hat ihm der deutsche Staat endlich nichts mehr zu sagen.

Gleichwohl gibt es Winke und Kniffe, dem deutschen Finanzamt zu entkommen. Dabei kommt es aber auf die genaue Position des Steuerzahlers und den Charakter seines Einkommens an, dann findet sich auch die richtige Konstruktion für die Geldanlage.

Man nennt heute etwa 35 geographische Punkte auf der Welt, die man als Steueroasen bezeichnen kann. Ihre Zahl steigt weiter, weil immer mehr Miniinseln entdeckt werden, die aus der Steuerflucht eine wahrhafte Industrie mit ganz vernünftigen Erträgen machen können.

Die meisten dieser Oasen kann man sogar kaum auf der Landkarte finden. So klein sie jedoch auch sind, so können doch Tausende von Firmen auf ihnen registriert sein, manchmal sogar mehr als Einwohner. Denn woraus besteht schon eine solche Firma in der Steueroase? Aus einem Firmennamen, legal eingetragen, und einem Briefkasten. Ein einziger Briefkasten kann sogar für Dutzende von Firmen dienen.

Die Tatsache, daß auf einer solchen Insel kein Flughafen existiert, daß sie mit dem Boot nur an Wochenenden und telefonisch oder per Telex überhaupt nicht zu erreichen ist, bildet kein Hindernis. Hauptsache, die Steuergesetzgebung der Regierung ist souverän, und es wird keine oder fast keine Einkommen-, Kapitalertrag- oder Erbschaftsteuer verlangt. Und: Ihre Buchführung muß garantiert geheim sein.

Jedes Steuerasyl hat seine speziellen Vor- und Nachteile, aber eines haben sie alle gemeinsam: daß sie aus Illegalem Legales machen, aus dem schwarzen Geld weißes und daß auf ihnen als Tugend gilt, was in der Heimat als Sünde gewertet wird.

Was halten Sie von einer Rückkehr zur Goldwährung?

Ich glaube nicht daran, und es wäre auch der größte Unsinn. Doch gibt es in Europa und in den USA immer wieder Experten und Politiker – wie den republikanischen Präsidentschaftskandidaten Jack Kemp –, die für eine Rückkehr zum Goldstandard plädieren. Sie versprechen sich davon unter anderem Stabilität der Preise und der Devisenparitäten, fallende Arbeitslosigkeit, wachsenden Welthandel und steigenden Lebensstandard. Eine handfeste Begründung für diese Hoffnungen liefern sie freilich nicht. Glauben Sie wirklich daran, daß man dem Ozean befehlen kann, trotz Sturm und Wind ruhig zu bleiben – nur damit man darauf wie auf einem kleinen stillen See mit einem Boot rudern kann? Das sind kindische Vorstellungen.

Die Anhänger des Goldsystems erhoffen sich vor allem feste Devisenparitäten. Doch dazu müssen die Währungen keineswegs an den Goldpreis geknüpft werden. Feste Paritäten kann man auch ohne Gold vereinbaren. Unter der Voraussetzung allerdings, daß sich die Regierungen an die einmal getroffenen Vereinbarungen halten, selbst wenn es spezifischen nationalen Interessen zuwiderläuft. Goldstandardsystem oder feste Devisenparitäten sind lediglich eine Frage der Vereinbarung. Nur – welche Regierung wird Konventionen einhalten, die nicht in ihren politischen, sozialen und psychologischen Interessen liegen?

Möglich wäre die Rückkehr zum Gold vielleicht schon, aber eben nur unter der Bedingung, daß man in allen beteiligten Ländern die strengste Devisenzwangswirtschaft einführt. Mit freiem Devisenverkehr dagegen wäre sie unmöglich. Wie stellen die Goldwährungspropheten sich das vor? Die Tendenz geht nämlich in die entgegengesetzte Richtung. Sogar in den Ländern, in denen bisher Devisenzwangswirtschaft existierte, wollen sich die Regierenden bald davon verabschieden.

Die Kapitalströme waren schon in der Zeit, als es den Goldstandard noch gab, so umfangreich, daß die Notenbanken den Goldpreis nur erhöhen konnten, wenn das Angebot in einer Währung zu groß wurde und sie ihre Goldreservern nicht verlieren wollten. Sie werteten praktisch ihre Währung ab. Wenn umgekehrt die Nachfrage nach einer Währung zu stark anschwoll, mußten die Notenbanken aufwerten, um sich gegen den Kapitalimport zu schützen. Die Schweizer Nationalbank zum Beispiel gab während des Zweiten Weltkrieges und noch lange nach dem Krieg keine Franken gegen Gold. Franken waren eben noch viel begehrter als das gelbe Metall.

Ähnlich in den siebziger Jahren: Die Schweiz und auch die Bundesrepublik führten strenge Kontrollen gegen Kapitalimporte ein. Wozu also ein Goldstandard, an den sich niemand hält? Heute ist eine monströse Devisenspekulation übelster Art im Gange. Aus den Devisenmärkten sind Spielkasinos geworden. Hunderttausende von kleinen Spielern mischen – an der Chicagoer Terminhandelsbörse – mit beim täglichen Spiel der Devisenfritzen in den Großbanken, deren Spekulationen nach einer offiziellen Schätzung pro Tag rund um die Welt mehr als 200 Milliarden Dollar ausmachen. Wer kann diese Hysterie in einer freien Welt beruhigen, in der Hunderttausende von Agenten und Subagenten sogar die Hausfrauen und Zahnärzte zu Devisenspekulationen animieren?

Der Dollar ist zum Fußball der Spieler geworden (Spekulant wäre ein zu großes Wort und eine Beleidigung für die echten Angehörigen dieser Zunft). Er wird in Sekundenschnelle von einem Tor zum anderen geschossen. Er ist ständig in Bewegung, liegt nie still. Wollte man, daß er auf einer bestimmten Stelle auf dem Spielfeld festgenagelt würde, müßte man den ganzen Fußballsport abblasen. Das kann man vielleicht machen, aber was würden die Fußballfans dazu sagen? Das wäre Devisenzwangswirtschaft.

All die Aufsätze und Analysen über die Rückkehr zum Goldstandardsystem sind also leeres Geschwätz. Die Wirklichkeit ist anders. Das Ganze erinnert mich an die Worte des klugen und erfahrenen Grün, wie er im Kaffeehaus seinen Freunden meldet, er habe eine Schiffsladung Weizen sehr günstig kaufen können. »Hast du den Kontrakt auch juristisch genau festgelegt?« fragen die Kollegen. »Wozu?« antwortet Grün. »Wenn der Weizen steigt, liefert man ja nicht. Und fällt er, übernehme ich ihn nicht.« Dem festgelegten Goldpreis ginge es genauso.

Wäre die Nachfrage nach Gold in einem Lande zu groß, wird die Notenbank für Geld das Gold nicht liefern. Und umgekehrt: Wäre das Angebot in Gold zu groß, würde sie das Gold auch gegen Geld nicht abkaufen.

Gold bleibt eine banale Ware, die für viele Sparer einen gewissen Reiz hat. Obwohl viele behaupten, es sei ein Sachwert, ist es das in meinen Augen nicht, denn das Gold hat weder einen Ertrag noch eine Notwendigkeit in der Wirtschaft.

Läge eine Rückkehr zur Goldwährung nicht im Interesse der Weltwirtschaft?

Die beste Antwort darauf gab der berümte Dichter und Nobelpreisträger Rabindranath Tagore: »Faß die Flügel des Vogels in Gold, und nie wird er sich wieder in die Lüfte schwingen!«

Wie beurteilen Sie die Entwicklung bis zum Jahr 2000?

Viel hängt von der internationalen Politik ab, wie sich die Ost-West-Beziehungen gestalten werden, insbesondere das Verhältnis zwischen Amerika und der Sowjetunion. Und natürlich auch, wie die innenpolitische Tendenz in Europa sein wird, nach rechts oder links tendierend.

In der innenpolitischen Entwicklung in den USA sehe ich keine großen Veränderungen. Das demokratische Zweiparteiensystem ist gesichert, und eigentlich ist es gleichgültig, ob Republikaner oder Demokraten an der Macht sind.

Ich fürchte auch keine gravierenden Auseinandersetzungen zwischen Amerika und der Sowjetunion, denn ich habe ein fast unbegrenztes Vertrauen in die militärische Übermacht Amerikas und glaube an die Realpolitik der Sowjets. Ich weiß, daß Amerika in fast allen Bereichen von den Europäern oft unterschätzt wird, nicht so sehr bei den Politikern wie in der öffentlichen Meinung. Glücklicherweise hat die Sowjetunion in bezug auf Amerika dieselbe Meinung wie ich. Aber bei Prognosen über die wirtschaftliche Entwicklung Europas muß ich die öffentliche Meinung Europas mit einrechnen.

Oft machen mir die Vorgänge in Europa große Angst: Die Feigheit der Bürger vor einem psychologischen Druck der Sowjetunion bedeutet für mich die größte Gefahr. Die Sowjetunion wird mit Versprechungen und Drohungen alles unternehmen, um Europa auf freundliche Art und Weise von Amerika zu trennen und so die NATO zu sprengen. Ohne NATO wäre die Bundesrepublik finnlandisiert. Eine neutralisierte Bundesrepublik würde auch ein neutrales Europa bedeuten, woran auch Frankreichs kleine Atommacht nichts ändern würde.

Ein neutrales Deutschland müßte alle wirtschaftlichen Wünsche der Sowjetunion erfüllen. Das würde bedeuten: neue Handels- und Finanzverträge. Ich weiß, daß viele deutsche Wirtschaftsführer, sogar solche von größter Bedeutung, der Ansicht sind, daß auch ein neutrales Deutschland mit der Sowjetunion große Geschäfte machen könnte, aber diese Geschäfte würden in diesem Falle ganz anders aussehen als heute. Die Bundesrepublik könnte aus Rußland große Mengen von Rohstoffen und Energie beziehen und sie mit Dollars bezahlen. Die Sowjetunion würde aus Deutschland Technologie, Maschinen usw. (und alle Artikel, die heute auf der schwarzen Liste sind), aus Frankreich, Dänemark und Holland landwirtschaftliche Produkte abnehmen und mit Rubel bezahlen. Und was der Rubel wert ist – die Schätzung überlasse ich dem schwarzen Markt (der immer der authentische ist). Dort handelt man den Rubel zu einem Siebtel seines offiziellen Wertes.

Ein neutrales Deutschland bedeutet ein neutrales Europa, und ein neutrales Europa würde langsam, aber sicher vollkommen unter russische Kontrolle gelangen. So könnte die Sowjetunion ihren alten Traum verwirklichen, Europa zu kontrollieren, ohne einen einzigen Soldaten zu mobilisieren.

Ich bin kein ausgesprochener Pessimist, aber mit dieser Möglichkeit muß man immer rechnen. Ein großer Teil dieser Gefahr liegt in der innenpolitischen Entwicklung der Bundesrepublik. Eine eventuelle rotgrüne Koalition würde über Nacht die ganze internationale politische Landschaft umgestalten. Kurz und gut: Ich setze auf Amerika, da ich Europäer bin. Für Japan sehe ich nicht die geringste Gefahr, aber für mich Europäer ist die japanische Mentalität etwas undurchsichtig.

Die geschilderte mögliche Entwicklung in Europa würde für Amerika auch eine unangenehme, aber bestimmt keine fatale Bedeutung haben, denn in Amerikas Wirtschaft spielt der Außenhandel eine sehr begrenzte Rolle (ca. 10 Prozent). Deshalb halte ich es für einen Anleger und Börsenspekulanten auf lange Sicht für besonders wichtig, die Augen ständig auf Wall Street zu richten, denn dort wird die Börse auch noch weiter üppig blühen, während Europa ganz andere Sorgen haben könnte.

Ich hoffe, daß es nicht so weit kommt, aber die Gefahr – so klein sie auch ist – hätte immense Auswirkungen.

Gedanken über Börse und Geld

Oft kann man durch Zufall die glücklichsten Dummheiten begehen.

Ich saß einmal mit zwei Maklern an einem Tisch. Einer von ihnen beklagte sich, er habe heute kein Geschäft abgeschlossen. Der andere prahlte mit seinen großen Provisionen. »Das war aber mehr Glück als Verstand«, konterte der erste. »Gott gebe mir immer mehr Glück und weniger Verstand«, meinte darauf der Erfolgreiche.

Es gibt keinen Narren, von dem man manchmal nicht etwas erfahren kann, das in das Mosaik einer Börsenüberlegung hineinpassen könnte.

Von einem falschen Wort oder einem Druckfehler im Text einer Finanzverordnung oder eines Gesetzes konnte ich manchmal groß profitieren.

Von einer falschen Idee können wir manchmal so irregeführt werden, daß wir ein Leben lang in dem Irrtum bleiben und die wahre Lage nie erkennen.

Viele wundern sich darüber, was an der Börse geschieht; sie tun es nur, weil sie die Börse nicht kennen.

Die nützlichsten Wörter an der Börse sind: Vielleicht, hoffentlich, möglich, es könnte, nichtsdestoweniger, obwohl, zwar, ich glaube, ich meine, aber, wahrscheinlich, das scheint mir... Alles, was man glaubt und sagt, ist bedingt.

Es ist für den Schuldner wichtiger, einen guten Gläubiger zu finden, als für den Gläubiger, einen guten Schuldner.

Die große Gefahr auf den Finanzmärkten ist heute, daß zuviel heißes Geld in Händen ist, die damit nicht umgehen können.

Der Banker müßte weise sein wie Salomon, klug wie Aristoteles, stark wie Samson und alt wie Methusalem.

Der Optimist ist ein Fürst auch mit zwei Groschen in der Tasche. Der Pessimist ist ein Nebbich, auch mit einem vollen Tresorschrank.

Der französische Finanzminister Vincent Auriol sagte einmal, was man manchmal hätte anwenden sollen: »Die Banken sperre ich, die Bankiers sperre ich ein!«

Oft gibt es Anlageberater, die den Ausdruck »Ich garantiere ...« häufig benützen. Doch wer garantiert für sie?

Franz Molnar, der weltberühmte ungarische Schriftsteller, der von der Börse überhaupt nichts verstand, definierte einmal äußerst treffend den Baissespekulanten: »Einer, der sich selber eine Grube gräbt, in die andere hineinfallen.« (Den Esprit dieses Satzes können nur die Vollblutprofis verstehen.)

Wer ist der vollkommenste Schieber? Derjenige, der in eine fremde Stadt kommt und dessen erste Frage lautet: »Kinder, was ist denn hier verboten?«

Bei den Salzburger Festspielen traf ich einmal einen Börsenkollegen, von dem ich nie angenommen hätte, daß er sich auch für Musik interessiere. Auf meine Frage, was er hier mache, antwortete er einfach, kurz, aber vielsagend: »Ich warte auf das Ende!« Dieselbe Antwort gab ich einem Freund von mir, als er mich nach meiner Meinung über die IOS-Spekulation fragte.

Wie hätte ein Finanzminister die schwere Lage seines Landes bündiger und präziser beschreiben können als der Franzose Anatole de Monzie: »Meine Herren, die Kassen sind leer.«

Wenn ein Bankier auf einen Vorschlag nein sagt, meint er vielleicht. Sagt er vielleicht, meint er ja. Sagt er aber sofort ja, ist er kein guter Bankier. Wenn ein Spekulant auf einen Tip ja sagt, meint er vielleicht. Sagt er vielleicht, meint er nein, und wenn er gleich nein sagt, ist er kein wirklicher Spekulant.

Über einen reichen Dummkopf wird man immer wie über einen Reichen sprechen, über einen armen jedoch wie über einen Dummkopf.

Vermögend zu sein bedeutet, mehr Geld zu haben als die anderen aus demselben Milieu.

Ein Ingenieur darf bei seiner Arbeit nicht unter Alkoholeinfluß stehen. Für einen Spekulanten ist dies eher von Vorteil, weil es gewisse Hemmungen abschafft.

An der Börse wie im Leben und in meinen Kolumnen habe ich häufig die richtige Antwort, nur muß ich dazu auch die richtige Frage finden.

Eine alte Börsenwahrheit lautet: Können die Kurse nicht weiter steigen, müssen sie fallen.

Oft stellen mir Kollegen lächelnd die Frage, was ich mit dem »vielen« Geld tue, wenn sie meine Honorare für verschiedene Aktivitäten erfahren. Seltsamerweise fragt mich niemand, was ich mit dem Geld aus einer glücklichen Spekulation mache, wo ich doch das Zehnfache gewinne (aber nicht verdiene). Durch Arbeit verdientes Geld kommt ihnen besonders seltsam vor.

Die Deutschen sind der Tücke des Geldes nicht gewachsen. Das Volk der Romatiker, Philosophen und Musiker ist in Geldangelegenheiten unromantisch und verliert jeden Hang zur Philosophie und besonders zur Phantasie.

Alle Wertpapiere – Pleiteaktien, notleidende Staatsanleihen –, die heute zwischen Kursen von 1 oder 2 Prozent notieren, haben einen großen Vorteil: Sie eignen sich vorzüglich als Wandschmuck.

Man nennt mich oft »Börsenexperte«. Ich akzeptiere das Kompliment *nicht*, weil ich weiß, was morgen an der Börse sein wird, sondern weil ich weiß, was heute ist und was gestern war. Und das ist schon sehr viel, denn die meisten Profis wissen nicht einmal das. Sie wissen auch nicht, daß die Kurse meistens die Nachrichten machen, die dann weitererzählt werden, und nicht die Nachrichten die Kurse.

Weise ist der Börsenspekulant, der auch die Sprache der Dummköpfe versteht.

Häufig schreibe ich aggressiv und wiederhole ununterbrochen meine Angriffe gegen die Haifische des Kapitalismus. Wenn der Mensch älter wird, hat er mehr Mühe, seine Feinde zu wechseln.

Sehr oft ist in der Politik und in der Wirtschaft nicht die Diktatur schlecht, sondern der Diktator.

In der Wirtschaftspolitik ist das richtige Steuern nicht mehr als die Anpassung an die Realität.

Steigt die Börse, kommt das Publikum, fällt die Börse, geht das Publikum.

Ein alter Spruch sagt, die Börse sei Monte Carlo ohne Musik. Meine Behauptung ist, die Börse ist Monte Carlo mit viel Musik, doch muß man die Antennen haben, um diese Musik aufzufangen und dann die Melodie zu erkennen.

Nicht reich muß man sein, sondern unabhängig.

Schön wäre es im Wirtschaftsleben, wenn die Piraten faul wären und die Dummköpfe wenig reden würden.

In Anlagefragen kann man dem Sparer erfolgreich nur das raten, was er tatsächlich haben will. Auf Versprechungen von irrealistischen Gewinnen fallen sie immer herein. Von einer Anlage abzuraten, die man ihm mit Riesenprofiten eingeredet hat, ist unmöglich.

Oft muß man an der Börse die Augen schließen, damit man besser sehen kann.

Für einen Spekulanten ist es nützlicher, über eine Sache nachzugrübeln, ohne etwas zu unternehmen, als etwas zu unternehmen, ohne nachzugrübeln.

Es gibt nicht einen einzigen Spekulanten, der nicht wenigstens einmal einen »Sternstunden«-Einfall gehabt hat. Doch nützt er ihn nicht aus, dann kommt so schnell wieder kein neuer. Mein Rat also: Attackieren!

Das große Unglück bei uns alten Spekulanten ist, daß wir Erfahrung gesammelt, unsere Waghalsigkeit jedoch verloren haben.

Den meisten Börsenkollegen stimme ich lieber zu, als mich in eine Debatte mit ihnen einzulassen.

Die Finanzinstitutionen sind nur soviel wert wie die Menschen, die sie geschaffen haben.

Der Vollblutspekulant kauft nur Papiere, von denen er sich einen drei- oder vierfachen Kurs erhofft. Es kann jedoch auch das Zehnfache werden. (Diese Erfahrung habe ich oft gemacht.)

Wenn ein Kaufmann seine Waren mit hundert Prozent Gewinn verkauft, nennt man das einen Betrug. Verkauft ein Börsenspekulant seine Papiere zum doppelten Kurs, nenne ich das normal.

Der Mann ist geschaffen, um das Geld zu machen; und die

Frau hält die Kasse. Das Ideale ist – auch für die ganze Familie –, wenn der Mann der Leichtsinnige und die Frau die Geizige ist. Bei Bekannten und in der Familie habe ich dafür zahlreiche Beweise. Mein Vater brachte meiner Mutter die schönsten Geschenke, erntete jedoch dafür nur Beschimpfungen über seine Verschwendungssucht. »Warum denn«, antwortete er, »lieber so als für die Apotheke.«

Wenn ich mit einem Kollegen spreche, weiß ich nach kürzester Zeit, ob er auf Hausse oder auf Baisse spekuliert, ohne mit ihm darüber gesprochen zu haben.

Was wäre die Börse ohne Narren! Und was wäre die Börse, wenn ein Supercomputer alles wissen würde. Meine Antwort auf beide Fragen: »Es wäre keine Börse.«

In alten Zeiten sagte man, ein Mann verliere seinen Verstand mit seinen letzten 10000 Gulden. Ich behaupte, der deutsche Sparer verliert heute seinen Verstand mit den ersten 10000 DM.

»Ich höre, du hast einen großen Treffer gemacht und 100000 Mark gewonnen, was machst du jetzt?« – »Ich mache mir die größten Sorgen.«

Wie verflucht der arme Jude einen reichen? »Du sollst der einzige Millionär in deiner Familie sein!«

Peter Altenberg, der bekannte Wiener Poet und Bohemien, galt als Kaffeehausschnorrer. Er schrieb eines Tages seinem Bruder: »Mein Lieber, schicke mir dringend 1000 Gulden, ich habe nicht einen Heller. Mein ganzes Geld ist auf der Sparkasse.«

Viele brauchen das Geld nicht, um es zu besitzen, sondern um es zu zeigen.

Es gibt Börsenprofis, mit denen einer, der nicht genügend hartgesotten ist, kein Gespräch führen darf; denn alles, was sie sagen, kann nur einen negativen Einfluß haben.

Der größte Schlag für den Spekulanten ist, wenn er einen großen Fehler, den er vorausgespürt hat, trotzdem begeht. Und fast immer geschieht dies, weil er sich von den anderen beeinflussen läßt.

Man soll die Ereignisse nicht mit den Augen verfolgen, sondern mit dem Kopf.

Ein komisches Wort in der deutschen Sprache: Diplomkaufmann. Bei mir ist das Diplom eines Kaufmannes seine Bilanz.

Ein unmögliches Wort in der deutschen Sprache: Bankkaufmann. Das ist eine semantische Mißgeburt, denn entweder ist man Bankier oder Kaufmann. Die Einstellung der beiden zu Geschäften ist genau entgegengesetzt: Der Bankier kassiert Zinsen, je höher, um so besser; der Kaufmann muß Zinsen zahlen, je niedriger, desto besser. Der Bankier achtet auf die Sicherheit einer Anlage, der Kaufmann auf die Phantasie.

Auf dem Grabstein des berühmten Schriftstellers Stendhal steht: Er lebte, schrieb und liebte. Auf dem des unglücklichen Spekulanten: Er lebte, spekulierte und verlor.

Es gibt Sehhändler und Übersehhändler. Die ersten

handeln mit allem, was sie sehen: Waren, Immobilien, Abschreibungen usw. Die Übersehhändler nur mit Sachen, die die anderen übersehen. Zu ihnen gehören auch intelligente Börsenspekulanten, die mit Aktien, Wertpapieren etc. handeln, deren Chancen alle anderen übersehen.

In jeder Hochkonjunktur und ganz besonders in der euphorischen Konjunktur der Inflation (des leichten Geldes) muß man am Anfang rührig sein, dann klug und zum Schluß weise.

Man spricht so oft von Bankkrisen. Dabei muß ich an meinen jüngsten Venedigaufenthalt denken, der in einer Saison stattfand, in der der Markusplatz jeden Abend überschwemmt war und in der am Morgen keine Spuren mehr vom nächtlichen Wasserstand zu sehen waren. Es gibt Banken, deren Zahlen zeitweise »unter Wasser« stehen, die sich jedoch schon nach einiger Zeit wieder erholen und sogar höhere Dividenden zahlen. Kein Mensch spricht dann mehr über Bankkrisen, und alles ist längst vergessen. Dieses Phänomen habe ich in den vergangenen fünfzig Jahren einige Male miterlebt. Das Wort Bankrott stammt zwar von Bank, aber Bankrotte sind gerade für große Banken heutzutage völlig ausgeschlossen. Es gibt nicht nur ein Sozialnetz, sondern auch ein Kreditnetz in der Welt. Jeder Gläubiger ist der Schuldner eines anderen Gläubigers, der selber wiederum Schuldner ist. Zahlen die Schuldner nicht, dann genießen sie ein Moratorium, das auch für alle anderen Schuldner in dieser Kette gilt.

In den vergangenen trüben Jahren haben zahlreiche Geschäftemacher die Lage noch trüber gemacht, um besser fischen zu können.

Spiel ist eine Leidenschaft, die Vergnügen und auch Leiden schafft. Das größte Vergnügen eines Spielers: Gewinnen. Das zweitgrößte: Verlieren. Denn die große Lust des Spielers ist die Spannung zwischen Gewinn und Verlust. Gäbe es keine Verluste, gäbe es keine Spannung und daher auch kein Vergnügen.

Molière schrieb: Ein Dummkopf, der zuviel weiß, ist zweimal so dumm als ein Unwissender. Diese Erkenntnis ist für die Börse äußerst zutreffend.

Der ehrliche Schuldner ist einer, der seine Erben enttäuscht, nie jedoch seine Gläubiger.

Man darf der Tendenz nicht nachlaufen, man muß ihr entgegengehen.

Von einem Fünftel der Börse leben die Spekulanten, von vier Fünfteln die Broker.

Es gibt keine absolut gebildeten Menschen, sondern nur halb gebildete. Und alles hängt davon ab, was ein Mensch aus dieser halben Bildung macht.

Es gibt bestimmt Menschen, die froh darüber sind, nicht ihre eigenen Gläubiger zu sein.

Würde die Wirtschaftspresse nicht existieren, brauchte man sie nicht zu erfinden.

Ein alter Börsianer kann alles verlieren, nur nicht seine Erfahrung.

Georges Clemenceau sagte einmal: Der Krieg ist eine zu ernste Angelegenheit, als daß man ihn den Militärs anvertrauen könnte. Genauso kann man heute sagen: Die Wirtschaft ist eine zu ernste Sache, um sie den Professoren und Volkswirten zu überlassen.

Das Gefährlichste an der Börse ist die Überraschung. Dabei können nur die wenigsten Börsianer ihre Ruhe und Objektivität bewahren. Meistens ist die Ursache eines Börsenkrachs nicht objektive Überlegung, sondern ein massenpsychologisches Phänomen. Einer entdeckt irgendein Problem, so klein es auch sein mag, und das verbreitet sich wie ein Lauffeuer.

Die massenpsychologischen Reaktionen sind an der Börse wie im Theater: Einer gähnt, und in kürzester Zeit gähnt jeder. Einer hustet, hustet sofort der ganze Saal.

Die Lage im kapitalistischen Westen ist gefährlich, aber nicht hoffnungslos. In der kommunistischen UdSSR ist sie nicht gefährlich, jedoch hoffnungslos. Für die Verbündeten der UdSSR kann man sicherlich den französischen Spruch aus der Zeit der Borgias anwenden: »Qui mange du Pape en meurt« (Wer aus der Küche des Papstes ißt, stirbt).

Viele Kapitalisten verbringen ein Drittel ihres Lebens damit, Kapital zu schaffen, ein Drittel der Zeit, ihr Geld zu bewahren, und das letzte Drittel mit der Überlegung, wie sie es vererben sollen.

Journalisten und Börsenspekulanten haben für ihre Arbeit denselben Rohstoff: Nachrichten und Ereignisse. Die Journalisten beschreiben sie, und die Spekulanten setzen darauf.

Jeder Laufbursche an der Börse trägt viel Geld versteckt in seinem Notizbuch. Er muß es nur finden.

Die Börsianer sind oft Mitspieler großer Zeiten. Hauptsächlich mit ihrer Brieftasche.

Die Inflation ist der Preis der Demokratie oder, besser gesagt, der Demagogie. Denn kein Parlament wagt es, die strengen Maßnahmen durchzusetzen, die man gegen eine Inflation unternehmen müßte.

Jeder Börsenmakler leidet unter einer Deformation seines Intellekts, denn sogar der intelligenteste, ehrlichste und verantwortungsvollste Broker ist durch seine Gedanken an weitere Aufträge und Provisionen verdorben.

Staatsbankrott? Bankkrisen? Darauf gibt es nur eine Antwort: »Viel Lärm um nichts!«

Ob man die Börsentendenz als fest oder schwach bezeichnen soll, hängt ganz von der Einstellung des Börsianers ab. Dieselben Kurse wird einer als fest, ein anderer als flau bezeichnen – je nach seinen Engagements.

Wenn ich die Entwicklung der Börse für ein Jahr voraussehe, halten mich die anderen während des ganzen Jahres für einen Spinner.

Der Haussetrottel verträgt eher Verluste, wenn die Börse zurückgeht, als versäumte Gewinne, wenn sie steigt und er nicht dabei ist.

Wer nicht fähig ist, selber eine Meinung zu bilden und eine Entscheidung zu treffen, darf nicht zur Börse.

Ein Börsenspieler ohne Überlegung, Argumente oder Motivation gleicht dem Roulettspieler. Er ist ein Hasardeur.

Man soll nicht glauben, daß die anderen, nur weil sie massiv eine Aktie kaufen, mehr wissen oder besser informiert sind. Ihre Gründe können so unterschiedlich sein, daß es unmöglich ist, daraus Folgen zu ziehen.

Die Wirtschaft kann man nicht lehren, man muß sie selber erleben – und überleben.

Bargeld in der Tasche und gleichzeitig die Absicht zu haben, bei niedrigen Kursen in die Börse einzusteigen, ist dasselbe Vergnügen, wie hungrig zu sein und sich auf dem Weg in ein Restaurant zu befinden.

Eine schlechte, aber wahre Nachricht ist mir lieber als eine gute, aber falsche. Bei der ersten weiß ich, woran ich bin, die zweite kann mich irreführen.

Bei den unentschiedenen Börsianern sind die Kurse entweder schon zu hoch oder noch zu hoch; um einzusteigen, ist es entweder schon zu spät oder noch zu früh.

Die Meinung eines Börsianers ist nie konstant. Dasselbe Papier wird er beim selben Kurs einmal zu hoch und einmal zu tief einschätzen, aber niemals aus objektiven Überlegungen. Oft hängt es davon ab, ob er gut geschlafen hat, ob er unter einem akuten Schmerz oder unter Nervosität leidet – also von Gründen, die nichts mit der Börse zu tun haben. Die meisten Börsianer können deshalb nicht objektiv sein.

Beim Kaufen muß man Phantasie haben, beim Verkaufen weise sein.

Abends muß man die Idee haben, morgens die kritische Haltung und mittags den Entschluß treffen.

Die Börse, daß heißt der Finanzmarkt, ist eigentlich Theater, in dem immer dasselbe Stück gespielt wird, aber immer unter verschiedenen Titeln.

Damit eine Regierung ohne Gewalt regieren und die Finanzen in Ordnung halten kann, muß sie sehr hinterlistig sein.

Die Wirtschaftsexperten sind Gladiatoren, die mit verbundenen Augen kämpfen.

Es nützt nichts, in der Wirtschaft die Wahrheit zu verkündigen oder sogar nützliche Dinge zu empfehlen. Das ist die beste Art, sich Feinde zu machen.

Voltaire sagte: Jede schlechte Sache kann auch gute Folgen haben. Für die Börse ist dies außerordentlich zutreffend.

Für die Kursentwicklung ist es nicht wichtig, was heute geschieht, sondern was sich morgen und übermorgen ereignen wird. Denn was heute geschieht, ist in den Kursen bereits enthalten.

Der Börsianer ist nicht ein Mann der Systeme, sondern der Einfälle.

Ich verachte zwar die Parasiten der Börse, die kleinen Spieler, die jeden Tag kaufen und verkaufen, kaufen und verkaufen, aber ich gebe zu, daß ohne sie die Börse keine Börse wäre und daß ohne die Börse das kapitalistische System nicht existieren könnte. Bestes Beispiel: Die sozialistisch-kommunistische Regierung Frankreichs tat alles, um die Börse in einer optimistischen Stimmung aufrechtzuerhalten.

Mir imponieren nur die Millionäre, die mir auch imponieren würden, wenn sie keinen Knopf in der Tasche hätten.

Die Massenmedien, die zuschauen, wie man das Publikum prellt, sind an dem Schaden mitschuldig.

Die meisten Menschen, die die Eigenschaft besitzen, viel Geld zu machen, haben selten auch die Eigenschaft, es zu genießen.

Haben wir an der Börse vor einem schlechten Ereignis zu große Angst, sind wir nach seinem Eintreffen schon einige Stunden später erleichtert. Das ist das berühmte Phänomen des *fait accompli*.

An der Börse sagt uns oft das Gefühl, was wir machen, und der Verstand, was wir vermeiden sollen.

Manchmal ist an der Börse ein zweideutiger Rat besser als ein eindeutiger und klarer.

Man versteht wirklich erst nach einer gewissen Zeit, was man gelernt hat (ich denke an meine Seminare).

Die Reaktionen der Spieler werden immer dieselben sein,

egal, ob an einer großen oder kleinen Börse; denn die menschlichen Reaktionen der kleinen Sparer und der großen Manager unterscheiden sich kaum.

Beim Kauf soll man romantisch, beim Verkauf realistisch sein (und zwischendurch soll man schlafen).

Optionen kaufen? Genau wie bei einem Wechsel: Unterschreiben Sie, und Sie werden sehen, wie schnell die Zeit vergeht!

An der Börse ist es nicht der neue Besen, sondern der alte, der gut kehrt.

Wer an der Börse das Kleine zuviel ehrt, ist des Großen nicht wert.

Vor dem Boom und nach dem Krach herrscht große Stille. Was sich dazwischen abspielt, ist nur hysterischer Lärm ohne viel Verstand.

Bei jeder guten bürgerlichen französischen Familie hat man den dümmsten Sohn zur Börse geschickt. Bestimmt hatte das seine Gründe.

Die Baissespekulation (Leerverkauf) ist nur für einen intelligenten Börsianer verständlich. Ein Dummkopf wird nicht verstehen, wie man etwas verkaufen kann, was man noch nicht besitzt.

Für einen Börsenprofi wie für einen Finanzpublizisten ist es sehr gefährlich, zu oft recht zu bekommen. Die Kollegen werden neidisch und warten ungeduldig darauf, einen bei einem Fehlschlag zu ertappen.

Ein Börsianer darf, wenn es sich um Börsengerüchte handelt, nicht einmal seinem eigenen Vater trauen!

Jacques Ibert, der große französische Komponist, sagte einmal, Kunst bestehe zu 10 Prozent aus Inspiration und 90 Prozent Transpiration. An der Börse ist die Transpiration natürlich die Erfahrung.

Was an der Börse jeder weiß, macht mich nicht mehr heiß.

Die Inflation ist die Hölle der Gläubiger und das Paradies der Schuldner.

Rothschild sagte einmal: »Wer sich an der Börse nach mir richtet, wird schlechte Erfahrungen machen.«

90 Prozent der Börsenspieler haben keine Ideen, geschweige denn Überlegungen. Sogar Renn- und Totospieler haben Ideen und Motivationen. Die Börsenspieler gehen meist nur blind mit der Masse.

Das große Geld, auch in der Tasche eines Dummkopfes, will zur Geltung kommen und Anerkennung haben. Und die Macht des Geldes ist groß.

Der Präsident einer Wiener Großbank in der großen Inflationszeit sagte: »Wir sind nicht klug, wir sind nicht tüchtig, wir sind nur fein!« Ich glaube, er würde heute nicht sehr weit kommen.

Die sicherste Bremse gegen eine wilde Spekulationswut ist der Verlust.

Der Analytiker denkt, die Börse lenkt.

An der Börse muß man nicht alles wissen, nur alles verstehen. Und auch wenn man alles versteht, muß man nicht alles mitmachen.

Auch der leidenschaftlichste Börsenspekulant darf einmal Pause machen und eine Zeitlang zuschauen.

Ich frage mich oft, ob es nützlicher ist, während der Börsenzeit zu der Börse oder zum Angeln zu gehen. An der Börse kann man zwar Tips erfahren und dann das Gegenteil davon machen, beim Fischen kann man aber eher überlegen, was man nicht machen sollte.

Der Bankier, der mit dem Geld der Kunden spekuliert und Pech hat, wird oft zum Schwindler. Derjenige, der Glück hat, wird zum Genie.

Von vielen Börsianern kann man sagen, daß sie in der Jugend ausgeben, was sie im Alter verdienen.

Mein Herz liegt links, mein Kopf rechts, meine Brieftasche weder rechts noch links, sondern schon längst in Amerika.

Eine kluge Frau sollte einen Baissespekulanten in Reserve haben. Dann ist ihr Wohlergehen für alle Zeiten gesichert.

An der Börse ist eine halbe Wahrheit eine ganze Lüge.

Man sollte wissen, daß hinter den Fassaden großer Finanzinstitute keine Musterknaben sitzen.

Der Teufel hat die Börse erfunden, um die Menschen dafür zu bestrafen, daß sie glauben, wie Gott aus dem Nichts etwas schöpfen zu können.

Die einzige Fabrik, die Washington Tag und Nacht arbeiten läßt, ist die Geldfabrik, das heißt die staatliche Notenpresse.

Die Börse diskontiert nicht nur die Ereignisse des nächsten Jahres, sondern das, was das Publikum dann für das darauffolgende Jahr erwartet. Also eine Vorwegnahme der Vorwegnahme.

Oft gehen die Kurse zurück, und doch kann man sagen, daß der Markt fest ist, und auch umgekehrt: Die Kurse steigen, trotzdem muß man feststellen, daß die technische Verfassung des Marktes schwach ist.

Betriebswirte, Wirtschaftsingenieure, Volkswirte und andere Experten sollten der Börse fernbleiben. Sie ist für die eine gefährliche Falle, die sich ihr mit wissenschaftlichen Methoden annähern wollen. Ich kann für sie nur Dante zitieren: »Laßt jede Hoffnung hinter Euch, Ihr, die hier eintretet.«

Wenn's um Geld geht, gibt es nur ein Schlagwort: »Mehr!«

Man darf sich in eine Aktie nie verlieben und muß sich von ihr leicht trennen können, wenn SOS gerufen wird!

Einer Straßenbahn und einer Aktie darf man nie nachlaufen. Nur Geduld: Die nächste kommt mit Sicherheit.

Die beiden schwersten Sachen an der Börse sind, einen Verlust hinzunehmen und einen kleinen Profit nicht zu realisieren. Am schwersten aber ist es, eine selbständige Meinung zu haben, das Gegenteil von dem zu machen, was die Mehrheit tut.

Wenn irgendein Ereignis auf dem Markt eine psychologische Wirkung haben sollte, muß sie sofort kommen, denn am nächsten Tag ist das Ereignis vergessen.

Je mehr eine Regierung eine eventuelle Maßnahme dementiert, um so sicherer wird sie später beschlossen.

In den Augen der alten Millionäre sind die neuen Erfolgsmänner immer Emporkömmlinge. Sie können es nicht verstehen, daß im Laufe der Zeit auch neue Vermögen entstehen können, und vermuten oft hinter dem Erfolg etwas Verdächtiges und Anrüchiges.

Nicht das Geld stinkt bei den Börsianern, sondern nur das verlorene Geld!

Wenn die Börsenspekulation so leicht wäre, gäbe es keine Bergarbeiter, Holzfäller und andere Schwerarbeiter. Jeder wäre Spekulant.

Wirklich souverän ist der, der eine Einladung ohne Begründung absagen kann.

Die Greuelnachrichten aus Wirtschaft und Finanzen der letzten Zeit konnten nur die erfinden, die auf diesen Gebieten keine Erfahrung haben.

Der Tag, an dem der sonst hartnäckige Optimist zum Pessimisten wird, ist höchstwahrscheinlich der Wendepunkt in der Kurstendenz. Und natürlich auch umgekehrt. Wenn der eingefleischte Pessimist zum Optimisten wird, muß man so schnell wie möglich aus der Börse aussteigen.

Die nervösen Spekulanten sind am nervösesten, wenn sie keine Papiere haben und die Börse anfängt zu steigen.

Um beim Establishment Erfolg zu haben, muß man sich sehr naiv zeigen, aber sehr nüchtern denken.

Wenn man an der Börse Geld macht mit den Ratschlägen eines Profis, ist es ein Erfolg; ohne die Ratschläge ist es großer Erfolg, und wenn man justament gegen die Ratschläge der Experten Geld macht, so ist es ein Riesenerfolg.

Ich saß einmal bei einem Vortrag eines berühmten Börsengurus (ich ziehe vor, den Namen nicht zu nennen). Ich konnte seine albernen Erörterungen nicht weiter anhören und stand auf. Mein Nachbar fragte mich: »Sie wollen uns schon verlassen?« »Verlassen?« antwortete ich. »Nein, ich gehe.«

Nicht Kapital, Taschengeld muß man haben. Manche ziehen sogar Taschengeld dem Vermögen vor.

Wenn die Investmentfonds ganz große Geldeinnahmen haben, ist das ein Zeichen, daß die dritte Phase einer Aufwärtsbewegung nahe am Ende ist.

Kostolanys Test

Mit dem folgenden Test können Sie feststellen, ob Sie Ihr Geld lieber in festverzinslichen Papieren anlegen sollten oder ob Sie sich zum Spekulanten eignen. Beantworten Sie die folgenden Fragen spontan und zählen Sie zusammen, wieviel a- beziehungsweise b-Antworten sie gesammelt haben. Die Auswertung folgt unten.

Kostolanys Fragen.

1. Planen Sie Ihre großen Ferien
a) schon Monate im voraus oder
b) erst kurz davor?

2. Die Ampel ist rot, aber es kommt kein Auto.
a) Warten Sie auf Grün, oder
b) gehen Sie bei Rot?

3. Sind Sie
a) eher morgens oder
b) meist abends guter Stimmung?

4. Auf Ihrem Teller liegt ein besonderer Leckerbissen.
a) Lassen Sie ihn bis zum Schluß, oder
b) fangen Sie damit an?

5. Wählen Sie Bilder hauptsächlich
a) nach ihrem Anlagewert oder
b) nach Ihrem Geschmack aus?

6. Sie besuchen ein fremdes Land zum erstenmal. Gehen Sie
a) in ein von Kennern empfohlenes deutsches Restaurant oder
b) in ein unbekanntes einheimisches?

7. Bringen Sie Ihrer Frau aus Paris
a) das bestellte Lieblingsparfüm oder
b) eine neue Marke mit, die gerade »in« ist und die Sie mögen?

8. Wenn Sie im Flugzeug einen Platz suchen – achten Sie dann
a) auf Sicherheit und Bequemlichkeit oder
b) auf die Nachbar(inne)n?

9. Was spielen Sie beim Roulett (oder was würden Sie spielen, wenn man Sie verführt) –
a) gleiche Chancen oder
b) eine Zahl?

10. Worauf achten Sie bei der Wohnungsuche mehr,
a) auf den Schnitt der Wohnung oder
b) auf die Umgebung?

11. Auf dem Wege zum Krimifilm erfahren Sie, wer der Mörder ist.
a) Gehen Sie trotzdem noch in den Film, oder
b) lassen Sie es bleiben?

12. Ihre Firma wechselt das Domizil. Sie sollen in eine andere Stadt mitziehen.
a) Stört es Sie grundsätzlich, oder
b) erwarten Sie frohgemut den Umzug?

13. Möchten Sie, daß Ihre Frau
a) als Hausfrau zu Hause bleibt oder
b) daß sie arbeitet?

14. Welche Konstellation ist nach Ihrer Meinung für das Familienleben besser:
a) Der Mann achtet aufs Budget, die Frau ist etwas großzügiger, oder
b) der Mann hat im Geldausgeben die leichtere Hand, während die Frau auf Sparsamkeit achtet?

Auswertung:

14 a-Punkte: Sicherheit geht Ihnen über alles. In der Ungewißheit sehen Sie weniger den Reiz des Neuen als das Beunruhigende. Wenn Sie Geld verdienen, so ist Ihre größte Sorge, es zusammenzuhalten. Ihre Anlagestrategie sollte also genau vorhersehbare Resultate bringen: Halten Sie Ihren Notgroschen auf dem Bankkonto, erkundigen Sie sich bei Ihrer Bank über Anlagemöglichkeiten in Festgeldern und lassen Sie sich die Kurzläufer unter den Rentenpapieren empfehlen.

6–10 a-Punkte: Sie sind Abenteuern nicht abgeneigt, doch brauchen Sie dabei ein Grundpolster an Sicherheit. Ich

möchte Sie als »Sparer mit kalkuliertem Risiko« charakterisieren (wobei Ihre Risikobereitschaft mit dem Annähern an die 10-Punkte-Marke wächst). Für Sie gibt es die mittelfristigen Anleihen mit hohen Zinsen, die ertragreicheren Rentenpapiere und die »Blue Chips« unter den Aktien, die Sie aber sehr breit (aus vielen Ländern) gestreut kaufen sollten.
14 b-Punkte: Sie sind der typische Spekulant. Sie müssen mit Ihren Mitteln beweglich sein, das heißt: Für Sie gibt es keine Anlage auf längere Termine. Sie müssen die Börse und alles, was in der Welt passiert, ständig verfolgen und sofort reagieren; manchmal halten Sie sehr viele Papiere, zu anderen Zeiten wieder gar keine, dafür warten Sie auf den richtigen Zeitpunkt. Sie sind kein Anleger – sondern eben ein Spekulant. Falls Sie das nicht durchhalten können (weil Sie möglicherweise dazu keine Zeit haben), dann tragen Sie Ihr Vermögen lieber auf Ihr Sparkonto.

Kostolanys Kommentar.
1) Die Improvisationskunst ist eine der wichtigsten Eigenschaften des Spekulanten.
2) Wer sich bereits vor jedem Risiko fürchtet, soll die Börse und alle Aktien meiden.
3) Der Morgenmensch, der gleich voll aufdreht und bis zum späten Nachmittag sein Fitneßpotential aufgebraucht hat, rechnet mit einem Routinetag ohne größere Überraschungen, wie er es auch von seinem Sparkonto erwartet.
4) Genießen Sie, solange Sie hungrig sind; wer sparsam seinen Leckerbissen aufhebt, der will auch das Sicherheitsgefühl haben, daß er die Früchte seines Kapitals – die Zinsen – am Ende auf jeden Fall erhält.
5) Der Romantiker kauft sündhaft teure Bilder nur zu seinem Vergnügen – er darf spekulieren.
6) Im exotischen Restaurant wartet die Überraschung, die

den Spekulanten freut – auch wenn sie unangenehm sein kann.

7) Wenn Sie nicht mal wagen, Ihrer Frau ein neues Parfüm mitzubringen – was wollen Sie dann an der Börse, wo es um Ihr Geld geht?

8) Der Spekulantentyp übersieht kleinere Risiken oder Unbequemlichkeiten in der Hoffnung auf eine neue, interessante Bekanntschaft.

9) Wer schon am Rouletttisch steht und nicht einmal zwei oder fünf Mark verspielen mag, der soll nur fleißig weitersparen.

10) Der Spekulant achtet weniger auf das Naheliegende, Praktische; er möchte eine schöne Aussicht haben.

11) Ein Krimi ohne Spannung interessiert den Spekulanten nicht mehr. Der Sparer weiß hingegen stets genau, was ihn erwartet: Zinsen. Ihn stört es nicht, wenn er die Zukunft vorher kennt.

12) Spekulanten lassen sich so leicht nicht beunruhigen. Veränderungen sind sie ja gewohnt.

13) Wer nicht mag, daß seine Frau aushäusig ist, dem geht die Bequemlichkeit über alles; die Börse aber ist unbequem.

14) Natürlich weiß der Spekulant, daß man vernünftigerweise sparsam wirtschaften muß – aber er überläßt es gerne anderen.

Nachwort

Nun hoffe ich, lieber Leser, Sie auf die richtigen Gleise gesetzt zu haben, damit Sie die Anatomie der Börse besser verstehen.

Ich habe Ihnen meine Prinzipien vermittelt. Jetzt ist es an Ihnen zu überlegen, wie Sie sich verhalten sollen. Nichts ist wichtiger und nützlicher im Leben und an der Börse, als den anderen zum Nachdenken zu veranlassen. Ich weiß, daß die Versuchung groß ist, eher der Meinung von Maklern, Bankern, von Gurus und Medien zu folgen, als sich selbst den Kopf zu zerbrechen. Aber probieren Sie einmal das souveräne Denken, und Sie werden daran ein wahrhaftes Vergnügen haben, wie auch der Kartenspieler daran seine Freude hat, wenn er sich entscheiden muß, ob er besser den Pikbuben oder die Herzdame ausspielen soll. Der Alte Fritz schrieb einmal: »Kenntnisse kann jeder haben, aber die Kunst zu denken ist ein seltenes Geschenk der Natur.«

Die Börse ist kein Roulett, obwohl Millionen von Menschen daraus ein Spielkasino gemacht haben. Sie ist kein Monte Carlo ohne Musik, wie viele behaupten. Die Börse hat ihre eigene Musik, man muß nur die Antenne haben, um sie zu empfangen. Es gibt auch kein größeres Vergnügen, als bei einer Spekulation recht zu bekommen, besonders, wenn es entgegen einer allgemein vorherrschenden Meinung geschieht. Oft bereitet dies sogar mehr Freude, als den Gewinn zu kassieren.

Die Börsenspekulation ist eine sehr schwierige Kartenpartie mit gefährlichen Gegnern und gezinkten Karten, bei der man die Regeln kennen muß. Sie ist keine mathematische Operation, denn die Welt ist voller Überraschungen und Unwägbarkeiten. Auch wenn alles stimmt, kommt der Erfolg nicht unmittelbar. Schon vor 40 Jahren prägte ich die Gleichung, daß an der Börse zwei mal zwei nicht vier, sondern fünf minus eins ist. Erst kommt es immer anders und später erst, wie man es erwartet hat. Zum Schluß siegt die Logik, man muß nur das »minus eins« abwarten können. Und das ist schwierig, denn nur 10 Prozent der Spekulanten können dieses fatale »minus eins« überleben. Es fehlt ihnen entweder an Geduld, Geld oder an Überzeugung. Deswegen wiederhole ich immer wieder, daß das an dieser bösen Börse gemachte (nicht: verdiente) Geld »Schmerzensgeld« ist. Zuerst kommen die Schmerzen, dann das Geld.

Viele fragen mich, wie ich es schaffe, mit über 80 noch so aktiv zu sein. Die beste Medizin ist, wie allgemein bekannt, geistige Gymnastik. Als Börsianer muß ich ja ständig denken, überlegen – wenn es sein muß, sogar mit mir selbst debattieren –, und jeden Tag lerne ich etwas dazu.

Ich muß mir auch darüber Gedanken machen, wie die Börsenlandschaft in zehn Jahren aussehen wird, denn für mich als Börsianer fängt das Leben erst mit 80 an.

Personen- und Sachregister